口头禅

无往不利的超实用辞令

保证让你沟通

高轶飞◎著

中国华侨出版社

·北京·

图书在版编目 (CIP) 数据

口头禅：保证让你沟通无往不利的超实用辞令 / 高轶飞著 .—北京：中国华侨出版社，2013.1（2025.1 重印）

ISBN 978-7-5113-3174-8

Ⅰ.①口… Ⅱ.①高… Ⅲ.①心理交往 – 口才学 – 通俗读物

Ⅳ.① C912.1–49

中国版本图书馆 CIP 数据核字（2012）第 309002 号

口头禅：保证让你沟通无往不利的超实用辞令

著　者：高轶飞
责任编辑：刘晓燕
封面设计：周　飞
经　销：新华书店
开　本：710 mm×1000 mm　1/16 开　　印张：12　字数：136 千字
印　刷：三河市富华印刷包装有限公司
版　次：2013 年 1 月第 1 版
印　次：2025 年 1 月第 2 次印刷
书　号：ISBN 978-7-5113-3174-8
定　价：49.80 元

中国华侨出版社　北京市朝阳区西坝河东里 77 号楼底商 5 号　邮编：100028
发 行 部：（010）64443051　　　传　真：（010）64439708

如果发现印装质量问题，影响阅读，请与印刷厂联系调换。

前言

　　如今口头禅已经慢慢成了当下的流行词汇，循规蹈矩，这个词来源于宗教，本来意思是指不去用心领悟，只是把一些现成的经验挂在口头，让别人以为自己很有思想。但经过时间的慢慢演变，这个词演变至今，则意指一个人习惯在有意或无意间时常讲的说话语句。而这句话却可以在那一瞬像别人吐露他的心声。

　　在很多电视剧中，很多里面的重点角色都会说一些独特的口头禅，这些口头禅都可以很鲜明地表现出电视剧中角色的性格特质。其中还有很多口头禅成为不少人模仿的对象，成为一种影响整个社会流行元素。在现实生活中口头禅的形成，大致跟使用者的性格、生活遭遇或是精神状态有关，这可以算一个代表自己鲜明个性的标志，同时也影响着其他人对这个人的感觉。例如有些人常说"差不多吧"、"随便"的人大多安于现状、缺乏主见、目标不明确；常说"据说"、"也许"、"算了吧"的人大多自信心不足；常说"看我的"、"没问题"的人通常充满自信，乐于承担责任。

口头禅：保证让你沟通无往不利的超实用辞令

如今我们常常会听到很多有意思的口头禅，这些口头禅听起来很幽默，甚至可以让我们捧腹大笑，但多花时间想想心里就会感慨良多。它就好像是概括我们当下的一条经典微博，不管什么时候说出来，都可以让别人在那一瞬间了解自己，一瞬间读懂自己，一瞬间因为引起共鸣而拉近距离。尽管在当下看来我们的时间越来越不够用，尽管我们的每一天都要为了维系生存和图谋发展而不懈努力，但在我们的意识中却仍然在反复思考着一些问题，对于未来，和幸福有着属于自己的勾画和逻辑。尽管那小小的一句话看上去不过是我们张嘴闭嘴中的一个精彩的瞬间，但它很有可能会在我们反反复复之后给我们的整个人生润色下崭新的一笔。

或许我们没有想到小小的一句话口头禅，原来还有这么多深层意义。但就是这简简单单的一句话却百分之百成了我们无往不利的语言实用辞令。表明我们的心声，也充斥着我们的一生当中点点滴滴的喜怒哀乐。但当我们张开嘴说出它的那一刻，简简单单不到两秒，它几乎已经成为当下我们心性的标志。本书结合当下时代的经典口头禅，通过浅显易懂的小故事，为大家更好地诠释了一个人生百态的生活景象，并针对口头禅中表达出来的困惑，给予了大家很多力所能及的建议，整个文章，保罗思想，生活，职场，亲情，友情，爱情等各个方面希望能够呈现给大家一份不一样的感悟，成就属于自己的那份不一样的精彩。

目 录

01 梦想
常挂嘴边的才叫梦想

常挂在嘴边的口头禅警示人们，不仅要想，还要勇于去做。把梦想当做口头禅说出来，大胆设想，形成一种承诺，再小心求证，逼迫自己成功，保证可以成真，不想做的或者没有把握的干脆不说。时间会证明一切，我们对自己有信心，最重要的是我们知道我们在做什么。虽然我们现在都很平凡，好在我们有梦想，一旦有了梦想我们将无所畏惧，并且感到不再无能为力！

02 哲理
歪理中的哲理，一句话概括人生

人生苦短，走好人生的每一步十分关键。而就是从一些饱含人生哲理的口头禅里，人们发现了巨大的智慧。这些看起来像歪理的口头禅常常被人提及，时刻提醒着人们走好脚下的道路，不要为外界的干扰而忧愁，不要被细小的错误所绊倒，不要因为不顺心就不快乐，总之，我们应该相信自己有能力，有力量。

就让我们敞开心扉，让我们把梦想当助燃剂，将成功之舟扬帆远航，用自己的双手去创造更美的明天。

03 规划
人生需要策划，好赖谈谈规划

人生是需要规划的，不同的人之所以在若干年后生活得有好有坏，主要原因在于他们在当下的规划中有没有做出正确的选择。当下，很多人把规划力作为自己形影不离的口头禅，也有人时不时会因为自己没有做好前期准备而倍感失落。没错，人生是需要规划的，不管你脑袋里有什么样的设想，想完成它都要自己规划一下。人生的路是自己走的，结果要由自己承担。我们应该从当下开始，想想自己该用什么样的前瞻眼光看待人生，经营人生。

职场
职场风云谈笑间，你方登罢我上场

一些寓意精辟的口头禅多出自于职场，职场千姿百态，风云不断。在一轮轮怨怨相报之后，斗争的双方无论胜负都是职场的败者。但是思想尖锐的职场中人，却很有可能因为言语或观点而冲撞对方，陷入困局。因此，要想在职场中发挥出个人价值，除了提升专业素养外，学习这些精妙的职场口头禅也不失为一种良策。

05 生活
酸甜苦辣咸，大锅口头烩箴言

生活就是一道用酸甜苦辣汇聚成的菜，每个人手里的这盘都有属于自己的味道。人生在世，本身就离不开那几种味道，也无非就是喜怒哀乐这几种心情。生活中充斥着惊喜也充斥着无奈，每个人都有属于自己的故事，有人愿意分享，有人却把它总结成了一句口头禅。的确，不同的人生中有不同的精彩，不同的人生中有不同的惆怅，放开各自的人生轨迹，品味这人生中的点滴余味，我们每个人的世界里都在为自己这辈子添加着各种各样的作料。没错，人生酸甜苦辣咸。

06 亲情
亲情是爱的艺术，说话要经典技术

常常听一些年轻人这样评价自己的爸妈，小时候是神叨叨，长大了是叨叨神，真不晓得他们一天到晚怎么有那么多话给自己准备着，莫非这就是亲情？确实，由于父母与我们所处的时代不同，他们的思想理念与我们当下的年轻人必然是有一些出入的。尽管如此，却并不能影响我们彼此之间亲情的和睦关系。事实上，亲情是一门爱的艺术，只要说好，做好，当下的一切难题都将不再是难题。

友情
随口一句不简单，张口便知情谊贵贱

人的一生中少不了同道之人，对于朋友，说得太多见外，说得太少情薄。因此很多人在面对朋友的时候往往会把一些口头禅挂在嘴边，尽管表达的意思不同，却都说明了自己对于交朋友这件事情的看法，什么人值得交往，什么人不值得交往，什么朋友只是浮云，什么朋友才是你一辈子最应该维护的人。社会生活脱离不开群体，在家靠家人，出门靠朋友已经成了一件顺理成章的事情，究竟这份情谊价值几何，每个人的心里都有一杆秤，几斤几两恐怕只有他们自己说得清楚了。

08 爱情
问世间情为何物，张嘴便知归宿何处

人生在世，爱情是一个少不了的话题，当这个话题越来越成为当下我们注意的焦点，大家便纷纷把自己的理解夹杂在张口闭口之间。口头禅就是表达男女对于爱情理解的一所心理学校，学好了，必然可以让人终身受益。

01

梦想
常挂嘴边的才叫梦想

常挂在嘴边的口头禅警示人们，不仅要想，还要勇于去
做。把梦想当做口头禅说出来，大胆设想，形成一种承
诺，再小心求证，逼迫自己成功，保证可以成真，不想
做的或者没有把握的干脆不说。时间会证明一切，我们
对自己有信心，最重要的是我们知道我们在做什么。虽
然我们现在都很平凡，好在我们有梦想，一旦有了梦想
我们将无所畏惧，并且感到不再无能为力！

为自己吹过的牛皮奋斗终身

生活是需要梦想的，梦想是需要用伟大做依托的。当一个平凡的人号称自己要做一件伟大的事情时，很多人都会认为他在吹牛皮。事实上这一切并不重要，重要的是，为了心中的伟大理想，你愿不愿意为自己吹过的牛皮奋斗终身。

要说人这辈子吹牛皮是不对的，但是假如有谁能为自己当年吹过的牛皮奋斗一辈子，那么这个牛皮就叫做梦想。在人与人的沟通中，时不时地会谈到梦想，其中有些人会认为自己产生怀疑，有些人会对自己的想法充满了无数的不确定性。没错，当一件想法说出来，就连说出来的人都觉得实现机会渺茫的话，还有几个人会相信这不是一个青天白日梦呢？但是，就有这么一批人，他们对自己的想法非常自信，即便当时他一张嘴别人都认为他在吹牛皮，即便他的誓言斩钉截铁，别人仍然觉得他的想法简直是异想天开，但只要说了，他们就会矢志不渝地将这件事做到最后。不管成功与否，总而言之，令我们敬佩的是，他真的为自己曾经说过的话奋斗终身了。

曾经有一句话说得特别好："当上帝把一件不可能完成的梦想装在一个人的脑袋里，就是有意帮助他促成此事。"世界上有太多的事情都是在别人"不可能"的意识里变成可能的。这个世界不缺乏想法，缺乏的是那些将自己想法落到实处的人。假如当初没有人说"我要飞"，现在就不会有飞机在蓝天上飞翔，假如当初没有人说"我一定要看看那个未知的海底世界"，这个世界就不会发明出潜水艇。的确！时代的迈进往往超出我们所有人的想象，今天看似吹牛皮的事，或许在不久的将来都会成为每个人眼中司空见惯的小事。每个人近似于怪异的想法，都有很大希望成为现实，关键就要看你到底愿不愿意保持一颗长久的奋斗之心，将它从自己的头脑中引出来，顺利地带进真实的世界。

美国有一个小男孩儿，他的父亲是一名马术师，从小他就跟着父亲东奔西跑，从一个马厩到另一个马厩，由于四处奔波生活的地方不固定，男孩的求学过程并不是很顺利。在他上初中的时候，老师号召全班同学写一份报告，题目叫做"长大后的理想"。

他想了很久，拿起笔来洋洋洒洒地写了7张纸，在整个报告中，他详细描述了自己的伟大志愿，告诉老师，他想拥有一座属于自己的牧马农场，这个农场是什么样子。除此之外，他还仔细地画出了一张200亩农场的设计图，上面标有马厩、跑道等位置，然后在这一大片农场中央，他告诉老师，自己还要建造一栋占地4000平方米的豪宅。当一系列理想的架构在图纸上大功告成，他深深地吸了口气，宛如完成了一项心血之作。第二天他将自己完成的报告交给了老师，并在两天后拿回了报告，老师在第一页上打了一个又大又红的F，旁边写了一行字：下课后来见我。

脑中充满幻想的男孩儿，很失落，下课后他带着报告推开老师的门，问："老师，为什么给我不及格？"

老师回答道："你年纪那么小，不要老做白日梦。你既没钱，又没家庭背景，可以说是一无所有，但是盖一座农场是一项要花费巨额财富的大工程，你不但要花钱买地、花钱买纯种马，还要花钱请人照顾它们。在我看来，你实在太好高骛远了。"老师停了停接着说："你如果肯重写一个靠谱的报告，我会考虑给你重新打分的。"

男孩听了老师的回答，有些失望，回家后他反复思量了很长时间，最后他找到了自己的父亲的，父亲听了以后没有多说，只告诉他一句话："儿子，这是非常重要的决定，你必须打定主意。"经过再三考虑后，男孩儿决定原稿交回，一个字都不改，他告诉老师："我不愿意放弃梦想。"

这件事过去了若干年，男孩真的完完整整地实现了自己的梦想，那位老师还曾经带着自己的学生来到农场露营，离开之前对这位已经长大的学生说："上学的时候，我曾经给你泼过冷水，这些年来，我也对不少学生说过这样的话，幸亏你有这种毅力去追寻自己的梦想。"

男孩儿的一系列理想都曾经被老师看成是吹牛皮不上税，都是根本不差边际的幻想，即便如此，他还是不愿意因为一个分数而抹杀了自己心中的想法。即便当下仅仅是一个梦，但谁能保证以后它不会成为现实呢？当一个人有勇气对自己说过的话负责，并心甘情愿为它奋斗终身的时候，这个梦想已经不再局限于吹牛皮，而是一个值得期待的现实。

在沟通中我们常常会看到很多幽默的人，他们虽然很成功，却每天对自己的生活带着一种半诚恳、半自嘲的韵味。当他所说的一切并不能引起别人的重视，甚至有人对他的想法标上了一个"异想天开，大做白日梦的标签"，他们不但不会因为这件事情而生气，反倒会站起来，自豪地说："不管怎样，都要为自己吹过的牛皮奋斗终身。"这看似是一句玩笑话，却从另一个角度表白了心声，那就是自己说出来的话是一定要落实的，我这个人是百分之百靠谱的，每句话都不是随便说说而已，即便是吹牛皮的话，这一切早晚也是要在自己身上应验的。

在我们人与人的沟通中，总是会面临各种各样的尴尬，我们说出来的话往往会遭到别人的一些嘲弄和误解，但即便是如此，我们的心理也要保持淡定和坦然，你不信没关系，我一定会努力地做给你看，即便暂时没有结果，我也会用自己的行动告诉你，说出来的话早晚是要算数的，当一切变为现实的时候，一定要让你们站起身来为我喝彩鼓掌。

口头禅妙用

1. **摆脱尴尬**。当别人对你说出来的话表示不屑，暗示你不要在这里吹牛皮，而你又不能马上证明给他看的时候，这句口头禅绝对可以帮助你，既幽默风趣又表明心声，告诉对方自己说出来的话早晚是要依靠自身的努力变为现实的。

2. **勇敢明志**。当自己对一些事情有了构想，却还没有太多的把握将这一切变为现实的时候，可以提前将这句口头禅搬出来堵住别人的嘴，然后保持一颗乐观的心，认认真真地做事，不断地学习钻研，用自己的行动告诉对方自己的想法绝对不是空穴来风。既然想到了，就早晚要做到。

上帝还让你活着，就肯定有他的安排

无论你有多么的失意和倒霉，好像快要撑不住了，可实际上，上帝并没有夺走你生命的意思，既然上帝还让你活着，你就有翻盘的机会。眼前的不顺只是暂时的，重要的是你愿不愿意为了改变而去做努力。

生活中，每个人都有可能遇到消极、颓废的时候，但怎么样积极面对生活，不是件容易的事。对你或是你想说服的人来说，改变观念最为重要，也便有了："上帝还让你活着，就肯定有他的安排"的口头禅，积极观念的转变源于这个人对成功的体验，对生活的热爱，对生命的敬重。然后，他们就用这句积极暗示的口头禅去改变自己的生活环境。

积极的人在遇到挫折和失败时会说一句口头禅："上帝还让你活着，就肯定有他的安排"；消极的人在遇到挫折和失败时会说：这就是命运啊，然后随波逐流，人生过得混乱不堪。而梦想的失落，在于我们对待命运的态度，相信自己相信命运，人生将多姿多彩；臣服于命运，任由命运摆布，痛苦将如影随形、摆脱不掉。

生活中，多数人的一生都不会一帆风顺，难免会遭受挫折，远离了梦想。但是成功者和失败者非常重要的一个区别就是，失败者总是把挫折当成失败，从而使每次挫折都能够深深打击他追求胜利的勇气；成功者则是从不言败，在一次又一次挫折面前，总是对自己说："上帝还让你活着，就肯定有他的安排。"一个暂时失利的人，如果继续努力，打算赢回来，那么他今天的失利，就不是真正失败。如果他失去了再次战斗的勇气，臣服于命运的摆布，那就是真的输了！

史铁生是当代我国最令国人敬佩的作家之一，他将自己的写作与他的生命完全融合在了一起。1969年史铁生到陕北延安市插队，结果不幸的是，他双腿瘫痪，年纪轻轻的他从此和轮椅打上了交道。我想，任何一个年轻人都无法面对瘫痪的人生，史铁生也曾迷茫、消极地度过一段日子，然而他很快就从人生的阴影中走了出来。他坦然地面对自己的身体，微笑地对待自己失去行走自由的人生。他说，他可以被剥夺很多人身自由，但是他的内心是谁都无法占据的。于是他开始从事写作，尽管身体极其不方便，却谱写出了健全而丰满的文学精华。

尽管史铁生遭受了很多痛苦，身体的瘫痪使他的生活有时候不能自理，但是他并没有因为这些困难而放弃自己的写作。这种积极的心态完全可以从他的作品中感觉到。虽然他面临的是生活的苦难，可是他的作品却表达了明朗和快乐，字里行间我们看到的是他的微笑，体会到的是他的睿智。他的作品超越了残疾人对命运的哀怜和自叹，而上升为对残疾者生存以及精神生活的关注。他的叙述由于有着亲历的体验而贯穿一种温情，但又有对荒诞和宿命的抗争，这些都是他对于命运的呐喊。面对痛苦和困难，他没有倒下，他甚至怀有比健康人更积极向上的心态去与困难斗争，去与命运抗衡，过着他自己全新的生活。

"上帝还让你活着，就肯定有他的安排"，史铁生给我们树立了身残志坚的典范，面对苦难，他曾这样说："我越来越相信，人生是苦海，是惩罚，是原罪。对惩罚之地的最恰当的态度，是把它看成锤炼之地。"

微笑地面对痛苦和困难，把它当做锤炼自我的工具，就能从克服困难的过程中取得成功。

对于命运的刁难，巴尔扎克如此评价：我们身处的困境是珍贵的赐予，它是天才的晋身之阶，信徒的洗补之水，能人的无价之宝，同时也是弱者的无底之渊。

史蒂芬·霍金 17 岁的时候，考取了著名的牛津大学，然而命运对待他却是如此残酷，21 岁时，霍金不幸患上了萎缩性脊髓侧索硬化症，医生说他至多只有两年的寿命，就像正要开放的花朵遭到寒霜的打击，霍金面临艰难的人生选择，但他没有在命运的压迫下低头，横竖一死，眼看等死不如让生命留下一点辉煌。

疾病不断地向他进攻，命运的打击使他只有头脑和两个手指还能运作，他不能说话，坐在轮椅上，只有靠一台电脑和语音合成器进行学术交流和做学术报告。

霍金向命运挑战，当死亡指针快要指向他时，时间却停止了，命运好像犹豫了一下，许多年过去了，他还是用毅力坚强地活着。

虽然他脚不行了，手不行了，嘴也不行了，但他的思维还行，他坐在轮椅上论证着，推理着，计算着，他写的科学著作《时间简史》风靡全球，发行量 1000 万册，命运终于在顽强的霍金面前绽放了灿烂的花朵，他成为剑桥大学卢卡斯数学教授，被推崇为继爱因斯坦后最杰出的理论物理学家，他取得的成就令人钦佩。

霍金是与命运抗争的典范。很多事例说明，命运的最大敌人就是你自己，霍金用他顽强搏斗的精神，不断地战胜自我，超越了自我，活出了灿烂生命的色彩。命运是可以改变的，霍金将痛苦踩在了脚下，用他的勤奋塑造了一个属于他自己的命运与未来，他将用满腔的热血和微笑永远展示生命的顽强。

有的人用"上帝还让你活着，就肯定有他的安排"来激励自己，将自己打造成勇敢的斗士。当遇到一道难题，我们不能自行解决，却依赖他人，对困难选择了放弃，就意味着失败。而要成功，你必须将自己打造成一个勇敢、顽强、愿意向困难挑战的人，用自己的不懈努力去粉碎一切阻碍和痛苦。

这句口头禅告诉我们，命运是可以掌握的。人生的财富是什么？生命的意义是什么，是坚强的毅力和爱。我们的一生总会遇到挫折，如果我们用信心，用恒心，用决心去面对它，挫折与痛苦就会不攻自破。失败与痛苦，就像笼罩在你心头的一片乌云。如果你像强者海伦·凯勒一样，用光明去驱散乌云，你的面前就会变得海阔天空，你的生活就会永远充满光明。

也许你是个相信命运的人，相信命运不可抵抗，但你不能臣服于它，臣服于命运，你的生命也就失去了意义。在种种失败和痛苦面前，需要的不只是聪明才智，还要有一种敢于向命运挑战的精神。也只有将痛苦踩在脚下，挑战命运，你的生命才会是鲜活、美丽和不朽的。

口头禅妙用

1. **鼓励失意者**。当有人遇到挫折时，这句口头禅可以很好地起到鼓励作用。困难看起来很可怕，但它不过是一只纸老虎而已，只能挡住胆怯者的脚步，无法拦住真正的勇士。这句口头禅可以帮你的朋友勇于打破命运的符咒，重燃生活的激情。

2. **自我解嘲**。当失利的时候，这句自我解嘲般的口头禅会让自己显得幽默风趣，在别人眼里为你树立一个积极乐观的美好形象。自我解嘲不是对自己的否定，而是内心对自己积极的鼓励，有朝一日终会东山再起。

对于理想中的困境，要么忍，要么狠，要么走

面对理想中的困境，我们必须做出选择。要么选择隐忍，这只能让自己更加失落；要么选择发狠，就有得到从困境解脱的可能；要么逃离困难，虽然得到一时的解脱，只是这一招难以让人最终从失败中走出来。

我们来到这个世上，困境与我们就好像如影随形。没有哪个人是顺风顺水，没有经历过困境和痛苦的，所以，你不必为遭遇失败而心情沉重，更不要因此而怀疑自己，让失落这把枷锁紧紧地将自己锁住。你所缺少的，正是没有正视失败。

"对于理想中的困境，要么忍，要么狠，要么滚"，这句口头禅就是从失败中走出的坚强者所说的。他们对失败后的选择做出了分类，要么就默认了，要么就发狠重新站起来，要么就从此一蹶不振。显然，多数说这句口头禅的人选择了正视失败。他们坦然地面对失败，接受失败，

从哪里跌倒再试着从哪里爬起来。用事实证明自己摆脱失落很简单，告诫朋友他也一定会成功。

没有经历追求理想道路上的困境的人生是不完整的人生！尽管我们都不喜欢它。人们常说，人生难免有悲欢离合，人世间不如意的事情十有八九！而且"金无足赤，人无完人"，所以当我们遭遇失败、心灵承受痛苦的时候，你千万不必长久地陷入失落的泥潭里，我们需要做的，就是摆正位置、调整心态，这才是要真正摆脱烦恼的关键，才能重新找回生活的精彩！

我们要知道，失败其实是一把尺子，让我们检测和发现自身的弱点和不足，当我们把造成失败的沟壑填平后，成功便会奇迹般地来到我们身边；我们把失败当做是一剂苦口的良药，尽管带给我们一些痛苦，但可以让我们从幼稚变成熟，从轻浮变厚实，从急躁变冷静，从狂热变清醒。所以说，从失败中汲取的教训将使我们受益终身，失败是通向成功的阶梯。多经历一次失败，会帮我们缩短一点通向成功和幸福的距离。

面对失败，世界上有三种类型的人，当他们都遇到挫折和失败时，第一个人他选择逃避，自暴自弃；第二个人选择解决事情，用平常心来做；第三个人选择用最坚强的毅力，来完成残局，用最有气度的心态勇敢地面对，越挫越勇。或许你都不属于这几种类型，失败后还会想着做一件事：对着镜子注视自己，我是不是返老还童？

无论如何，失败的结果已定，我们是不能用失落来雪上加霜的。而古今中外，就不乏很多从失败中挣扎出来，再去拼一把获得成功的人，请看下面这个例子。

莎莉·拉菲尔是一位美国著名电台广播员，人们或许不敢想象，在她30年职业生涯中，她曾经被辞退18次，可是拉菲尔每次都能从失落的阴影里走出来，放眼最高处而确立更远大的目标。最初由于美国大部分的无线电台认为女性不能吸引观众，没有一家电台愿意雇用她。她好不容易在纽约的一家电台谋求到一份差事，不久又遭辞退，说她跟不上时代。莎莉并没有因此而灰心丧气。她总结了失败的教训之后，又向国家广播公司推销她的清谈节目构想。电台勉强答应了，但提出要她先在政治台主持节目。"我对政治所知不多，恐怕很难成功。"她也一度犹豫，但坚定的信心促使她大胆去尝试。她对广播早已轻车熟路了，于是她利用自己的长处和平易近人的作风，大谈即将到来的7月4日国庆节对她自己有何种意义，还请观众打电话来畅谈他们的感受。听众立刻对这个节目产生兴趣，她也因此一举成名。如今，莎莉·拉菲尔已经成为自办电视节目的主持人，曾多次获得重要的主持人奖项。莎莉·拉菲尔说："我被人辞退18次，本来会被这些厄运吓退，做不成我想做的事情。结果相反，我从失落中挣脱出来，我让它们鞭策我勇往直前。"

这个故事告诉我们，一时的困境会让情况变得更糟，与其情绪不佳，不如像莎莉·拉菲尔一样振作精神再去拼一把，当你说着"对于理想中的困境，要么忍，要么狠，要么滚"这句口头禅的时候，或许机会就在远处向我们招手，而我们不同的选择会造就不同的结果和人生。大千世界，顺风顺水对于我们来说是不现实的，怎么样去生活完全取决于我们的态度。

工作失落，情感受挫，那些令人痛心的事让我们纠结不已，如何走出心情交错？很多人就用这句口头禅激励自己走出阴霾。其实我们不用刻意去想那些已经结束的事情，不要对生活怀有抱怨的态度，把这些当作对自己的考验，不要只看到结果带来的痛苦，应该想想从中体会到什么，学到了什么，要学着从失败中走向成功，想着不经历失败就不会有成功的经验！有些事情不要只看它片面的一面，用自己最好的心情来对待生活，遇到事情不要觉得社会对自己不公平，更多的是应该找到自己的缺点，然后慢慢去改进，成功永远在失败后等着我们去检阅！

摆脱失落，除了应用这句口头禅自我鼓励外，还可以采取一些方法试着调节自己，比如做自己喜欢做的事情，做自己擅长的事情，为自己找回成功的喜悦，找回失去的信心，并找到前进的动力和方向；心累了，就停下来歇一歇，让心灵去旅行。可以参加户外活动，去爬山，去运动，感受壮丽风光，拥抱自然，融入自然，接纳一个全新的自己。

我们须时刻想着，一次失败不代表着永远失败，明天是美好的，我们不必陷于失落中顾影自怜，要相信自己不会就这样被打败，成功的机会是自己创造的，再整装出发，成功终会重新回来的。催眠和浇愁只能短暂地解决一时的烦恼，无法根除，但失败的现实依然摆在那里等待我们去面对。心情失落的时候会异常烦躁，看什么东西都是不顺眼的，有时朋友的好声问候都能引起你的冷嘲热讽，出现类似情况，你需要警觉一下自己了。

我们可以从心态上调整。首先，敞开你的心扉。人生有很多美好的东西值得你去把握拥有。何必沉浸在无尽的愁绪之中？只要你回头，就会接收到一片灿烂阳光，生活在等待你回头，它在默默等待，只要你转过身来；其次，不要戴有色眼镜去观看你身边的一切，你要参与进去，你也是生活的一员。有时候你处在失落期，你很消极地看待身边的事情，有点烦躁，甚至有些"骄傲"，你觉得有些人做的事情很莫名其妙，很没有意义。看着他们你有点心烦，事情并未按着你的期望发展，你心生失落感，你有时会怨天尤人，老天如此不公？有时你也会烦躁起来，怒骂这个世界。

当你失落的时候，身边人的关心，在你眼里都是一些琐碎的事情，觉得很无聊，请别这样想，请你敞开心扉，你会感受到不断涌进心间浓浓的爱。

困境不可怕，但情绪的失落会让人意志消沉、丧失斗志，我们期待你重新振作，并在生活的激流里，扬起青春进取的风帆；希望每一位朋友在现实的挑战中，重新亮出年轻奋斗的旗帜。"失败了再爬起来"，失败的人不会永远是失败者，前进的路上，更需要的是你自我鼓励的品质和勇气。

口头禅妙用

1. **指明方向**。对前途迷茫的人指点方向，这句口头禅的妙用就在于当事人在选择间找到了自己的方向，燃起了自己的斗志，坚定了前进的信心。不用太多的言语，就能把深奥的道理阐述明白，荡涤人的心灵。

2. **用作激励**。当激励别人或自我激励的时候，这句口头禅能够起到明志的作用。是做勇敢的开拓者还是做懦弱的失败者，在这种"激将"式的鼓励中，人们更容易找到自己的方向。

人生就像高压锅，压力太大的时候梦想就熟了

　　人生是一个应对压力的过程，一个人的抗压能力越强，他的成就往往就越大。有时候，压力并不是一件坏事，它能尽早地催熟我们的理想。没有压力的人体会不到梦想实现的那种快乐。

　　正视压力，压力能激发我们竭尽全力。无视压力这种现象，我们常常会愚蠢地创造一种舒适的生活方式，让自己处在风平浪静的生活当中。当你不缺少什么东西的时候，梦想也就离自己越来越远了。

　　"人生就像高压锅，压力太大的时候梦想就熟了"，坚定梦想的人善于给自己的人生设限，善于给自己的成功设限。他们把压力当做是成功的试金石，勇敢无畏地再前进，奔着他们最近的目标不断前进，他们所付出的失败与痛苦将不会白费，反而会成为一笔宝贵财富。

　　缺少压力的人难以在事业上有所突破，如果我们不给自己压力，就没有限制你超越的藩篱。不给自己目标和压力，梦想就会成为泡影。梦想有多远，舞台就有多大，我们要相信自己，一切皆有可能！

　　在一些时候，我们会突然发现，自己在追逐的其实已经是另外一个梦想，就像风在不经意间，改变了方向一样。我们或许不知道应该怎样回答这个问题。但反过来想，在没有尝试过之前，真的不知道，至少是不能确定，自己最适合做什么，有压力时能否撑得下去？生活和工作中的变化无处不在，我们更需要有一个目标鼓励自己勇往直前，拒绝蹉跎彷徨。但也不能因此而轻易给自己设置太多的限制，认定自己只能这样，而不能那样。无论如何，"在一棵树上吊死"，和"不给自己施压"的幸

福疗法，将会成为我们失败的伏笔。

顶住压力做事，你会得到意想不到的东西，这也是这句口头禅的精妙之处。当你在意料不到的时间内完成了意想不到的业绩时，同事们会充满敬意地赞叹："真想不到，你是怎么做到的呢？"你则不无感慨地说："还不都是被逼出来的！"那么，"逼出来的"究竟是什么呢？这就是设限的压力状态下，所激发的人的潜能。通过紧张而充满压力的外部环境来刺激自我，挑战极限，进而激活自身潜能的完全释放。失败与痛苦在常态下压抑人的潜力，埋没人的才能。但对自己设限管理，对个人而言，更易于激发人的兴趣和斗志，也更易于坚持。

我们每一个阶段都有不同的压力，解决这些压力的过程也是逐个实现梦想的过程。我们所设定的目标又分成许多种类，如：人生终极目标、长期目标、中期目标、短期目标、小目标，这么多的目标并非处于同一个位置上，它们的关系就像一座金字塔。如果你一步一步地实现各层目标，成功注定容易获得；反之，你若想一步登天，那就相当困难了。因此，我们要讲究合理地设定目标。

压力是生命的需要，是生存和发展的需要，我们不要去逃避它。请看下面一则故事。

在美国的一个生物实验室里，一位教授曾对两只老鼠做过实验，他把一只老鼠的压力基因除掉，并将它与另一只正常的老鼠一同放在一个有500平方米的仿真自然环境中。那只正常老鼠走路觅食总是小心翼翼，一连生活了几天没有出现任何意外，它甚至为自己过冬储备食物。而另一只没有压力的老鼠从一开始便显得很兴奋，对任何东西都极为好奇，走路也无小心翼翼之状。

缺乏压力基因的老鼠仅用一天时间，便大摇大摆把500平方米的全部空间参观了一遍，而那只正常老鼠用了近四天的时间才参观完毕。前者把高达13米的假山都攀登了，而后者最高只爬上盛有食物仅2米的吊篮。结果，那只身上已无压力基因的老鼠爬上假山后，在试验能不能通过一块小石头时掉了下来，摔死了。而那只正常老鼠因有压力基因，仍鲜活地生活着。

这个故事里，拥有进取压力的老鼠获得了生命的新生，它很谨慎很有耐心，很好地规避了失败的风险。而没有压力的老鼠妄自尊大，失去了对自我的保护，结果丢掉了性命。所以说，没有压力的人生是很危险的，它让我们活得庸庸碌碌，不会将失败的教训当做走好下一步路的警示标，不会从失败和痛苦里汲取对我们成长有用的东西。

为了让生命更充实，我们不能光用口头禅来解压，还要为自己确定一个目标，但不能脱离现实。

给自己压力就要珍惜时间，人最大的压力就是生命短促，时不我待。苏联昆虫学家柳比歇夫说："人最宝贵的是生命，仔细分析来说，最宝贵的是时间，因为生命是由时间构成的，一小时一小时，一分钟一分钟地积累起来的。"热爱生命就要珍惜时间，与其在痛苦里浪费青春，不如在这段时间做些有意义的事情。

另有一个类似的小故事。

在茂密的山林中，一位游客迷失了方向，一位挑山货的少女告诉他前面是鬼谷，是山林中最危险的路段，一不小心就会摔进深渊。于是当地居民就定了一条规矩，凡路过此地者都要挑点或者扛点东西。游客惊问：这么危险的地方，再负重前行，岂不是更危险？少女笑答：只有你意识到危险了，才会更加集中精力，那样反而会更安全。这儿曾经发生过几起坠谷事件，都是游客在毫无压力的情况下一不小心掉下去的。我们每天都挑点东西来来去去，却从来没有人出事。游客没办法，只好接过少女递过来的一根沉木条，扛在肩上。这位游客最后平安地走过了这段鬼谷路。谁也不会想到，这条沉木条在危险面前竟成了人们平平安安的"护身符"。

这个故事告诉我们，人们肩上的压力感太轻，就可能过于放松，放松了防范风险，并且，它可能会使人长期逃避责任。责任是什么？责任就是扛在肩头的这根沉木条。担当责任才会产生压力，有压力自然会有动力。把责任扛在肩上，才能保持清醒的头脑，保持旺盛的斗志，在成功时不自满，失败时不气馁，努力奋斗直至超越痛苦，到达成功。

在面临失败与痛苦的折磨时，给自己施压不会是"雪上加霜"，而是更有效达到成功的一种有效方式，是"有志者事竟成"的成功典范。有研究发现，适度的压力水平可以使人集中注意力，提高忍耐力，增强身体活力，减少错误的发生。所以，承受压力可以说是机体对外界的一种调节的需要，而调节则往往意味着成长。也就是说，有一定程度的心理压力，可以调动内在潜力、增强自己的实力和自信心，从而获得最终的成功。

压力并不可怕，可怕的是人们对压力有不恰当的观念与反应。压力就是一种潜在的动力，只不过，这种动力的作用力比较微弱，如能持之以恒，它就会慢慢转化成一种惯力，反之，就变成增添自己烦恼的负作用。所以，关键在坚持，而这一切都要靠我们自己的自觉力和约束力。越怕压力就越会生活在压力的恐惧中，而喜欢压力的人在任何压力面前都会游刃有余。

口头禅妙用

1. **助人解压**。当压力太大的时候，我们需要给自己的心理做一个疏导，否则压力会把人压垮。当人们在做"压力越大梦想实现的可能性越大"的心理暗示时，你就可以轻装上阵，成功地达到自己的目的。

2. **增强自信**。遭遇压力会让人不自信，对自己的能力发出怀疑，当应用这句口头禅之后，人们会对自己的遭遇表示理解，因为"人生就是高压锅"，然而，压力能够产生实现梦想的效应，人的自信就会无限地增强。

谁说梦想不能变成现实，今天就梦给你看

既然有梦想就能够梦得见，以戏谑的口吻说明有梦想就有可能变为现实，当梦想得到外界怀疑的时候，正是下定决心大干一场的时候。别人认为不可能，你偏偏认为可能，拿出勇气来拼搏，证明给大家看。

你真的热爱你的梦想吗？如果你在梦想与现实徘徊说明你有的不是梦想，只是愿望。如果坚持你的梦想，就要拿出十足的勇气去拼搏。"谁

说梦想不能变成现实，今天就梦给你看"这句口头禅反映了一些人不服输，认准的道路就要坚持走下去的心理。

曾经在一本书上看过这样一段文字：你是鸡蛋还是胡萝卜？如果鸡蛋和胡萝卜是两个人，他们同时面临着被水煮这个困境，而它们的反应是不一样的，鸡蛋被水煮过之后蛋清与蛋黄凝固，比先前还要硬。而胡萝卜则没有了先前的脆而被软所代替。同样的道理，有的人在困难面前展现了他的坚韧，将困难打败，有的人则在困难面前畏惧、退缩，最终失去了梦想。

因为梦想就是理想化的生活，生活当然是不能一味幻想的，要想把梦想变为现实，就要付出自己的努力，因为真正美满的生活是建立在一定的物质基础上的幻想。外界说我们梦想不会实现的时候，我们偏要实现给他看。威灵顿将军就是这样一个人。

有人知道拿破仑在滑铁卢一役是被谁所打败的吗？

答案是英国的威灵顿将军。这位打败英雄的英雄并不只是幸运而已，他也曾尝过打败仗的滋味，并且多次被拿破仑的军队打得落花流水。

最落魄的一次，威灵顿将军几乎全军覆没，只好落荒而逃，逼不得已藏身在一个破旧的柴房里。

饥寒交迫之下，他想起自己的军队被拿破仑打得伤亡惨重，这样还有什么面目去见家乡父老呢？万念俱灰之下，只想一死了之。

正当他心灰意冷的时候，突然看见墙角有一只正在结网的蜘蛛，一阵风吹来，网立刻被吹破了，但是蜘蛛并没有就此罢休，它再接再厉，努力吐丝，立刻开始重新结网。

好不容易又快要结成时，一阵大风吹来，网又散开了，蜘蛛毫不气馁，转移阵地又开始编织它的网。

像是要和风比赛一样，蜘蛛始终没有放弃，风越大，它就织得越勤奋，等到它第八次把网织好以后，风终于完全停止了。

威灵顿将军看到了这一幕，不禁有感而发，小小的一只蜘蛛都有勇气对抗大自然这个强大的劲敌，何况是自己一个堂堂的将军，更应该要奋战到底，将拿破仑打败，怎能因为一时的失败而丧失斗志呢？

于是，威灵顿将军接受失败的事实，并且重整旗鼓，苦心奋斗了7年之久，总算在滑铁卢之役一举打败拿破仑，一雪当年的耻辱。

威灵顿将军打破了拿破仑不可战胜的神话，最终实现了自己的梦想，他的成功就赢在坚韧不拔的品格上。世界上如果说有一种药能够救人于失败落魄的境地，那么这剂药的名字就叫坚韧。坚韧可以成就人生，成就理想，成就希望。

每一个人都有理想和目标，而智者与庸人的区别在于：智者不只是订立目标，他更懂得怎样一步一步地达到目标，正如著名谚语所云：既要抬头望星，更要低头看路。经营生意也是如此。而每一个商人，都要有一个奇特的梦想，要有一个自己坚信的梦想。马云曾经这样说："一个好的演讲者与一个差的演讲者的区别是什么？差的演讲者讲的东西可能都是对的，但是他自己并不确信。一个好的演讲者也许讲得不对，但是他认为自己是对的。"

将这句口头禅挂在嘴边的人一定是自信的人，成功者不在于他的梦多么伟大，但是他的梦必须是独特的。任何一个获得成功的人，从第一天起都有一个奇特的梦想。愿意为了那份理想和梦想持之以恒，那么这样必然会成功。比尔·盖茨30年前确立了一个梦想，梦想每个桌子上都有一台电脑，电脑里的程序都是他设计的，他的这个梦想今天得以实现了。

经常说"谁说梦想不能变成现实，今天就梦给你看"这句口头禅的人，明志的成分最大。所以马云不停地对外展示自己的梦想，实际他是逼着自己没有退路，非做不可，不然就变成吹牛皮的人了，最初还有不少人对马云的电子商务梦想产生怀疑，可目前看到淘宝网的日益活跃，支付宝每天几亿的强大现金流，让所有怀疑的人闭上了嘴巴。

人生是一个通向目标奋斗的过程，梦想也是用来实现的，这必定是一条充满着艰辛与坎坷的历程，这需要你放弃很多；人生是执着无悔的追求，实现自我的价值，既然我们总是慨叹人生苦短，与其做一个局外的旁观者而议论纷纭，还不如像口头禅说的那样，做一个梦想的实践者，全身心投入其中，自然而成，率性而为，用自己的行动去诠释自我对于梦想的追求。

口头禅妙用

1. **辩驳气势**。当遇到有人对你的梦想提出质疑和挑衅时，你就可以应用这句口头禅予以反驳。既有机智的辩驳，又有强硬的气势，还有幽默的戏谑，伤不到你和周围人的和气。当你信誓旦旦的时候，他人也就不敢怀疑什么了。

2. **巧妙立志**。这个立志方法比较迂回，既让人看到了你的决心，也让人看到了你的坦然和积极。没有人可以肯定梦想一定会实现或一定不会实现，只有你勇于明志，才会让你看到你的魄力。

哲理

歪理中的哲理，一句话概括人生

　　人生苦短，走好人生的每一步十分关键。而就是从一些饱含人生哲理的口头禅里，人们发现了巨大的智慧。这些看起来像歪理的口头禅常常被人提及，时刻提醒着人们走好脚下的道路，不要为外界的干扰而忧愁，不要被细小的错误所绊倒，不要因为不顺心就不快乐，总之，我们应该相信自己有能力，有力量。

　　就让我们敞开心扉，让我们把梦想当助燃剂，将成功之舟扬帆远航，用自己的双手去创造更美的明天。

记住该记住的，忘记该忘记的

在人生的道路上，我们不能活在悲伤仇恨里，而是要活在感恩幸福里。所以要记住那些令你感动、快乐、幸福的人和事，忘却令你悲伤、痛苦、烦恼的人和事，这是一种豁达的人生观。

通往成功的路上，饱含着酸甜苦辣咸各种滋味，既有痛苦也有欢乐，而时间长了，你要记住其中的哪些东西呢？有的人选择了记住仇恨，将对别人的不满埋在心底，郁郁寡欢地度过了后半生，有的人选择了记住感恩，怀着幸福的心态度过了余生。而后者更是一个智者，正应了那句口头禅"记住该记住的，忘记该忘记的"，将生活打理得很圆满。

在遇到那些令你不快的事情时，在遭到非议和误解时，我们要告诉自己：那是自己的人生，我是唯一的舵手；我们需要自信，自卑是最让"亲者痛，仇者快"的情绪。流言止于智者，既然是非议，嘴巴长在别人身上，就记住该记住的，忘记该忘记的，走自己的路让别人说去吧。

每个人对待不同人不同事都有不同的立场，人们都在试图从自己的立场评价别人。可能是需要被肯定的朋友，需要被奖励的下属，需要被尊敬的同事，需要被陪伴的佳人，需要被关照的客户，还有我们需要被照顾的家人，需要被注意的亲戚，甚至需要被礼貌对待的各类人员。最终究成了"盲人摸象"，人人摸出来的结果都不一样。当出现需求没有被满足的情况，就会有"非议"出现。听到别人在背后议论你，特别是议论你不好的一面，其实是件挺有趣的事，至少你可以知道，原来你的一举一动可以被解读得完全不同。

对于那些令自己苦恼的非议，难道就不管不问吗？有人的口头禅就出来了，"记住该记住的，忘记该忘记的"。仔细想想，纠缠于他人的无端指责之中，也许会让你陷入别人为你设置的圈套之中，让你难以自拔而耽误你应该做的正事、要事；也有可能会让你难以摆脱别人为你制造的麻烦，让你长期处于苦闷与烦恼的纠缠之中。

要想成功，就要顶住非议，理性对待，记住该记住的，忘记该忘记的，你的明天才会出彩。当我们面对指责，就试着将自己的姿态放低，耐心地改正自己；当指责来临，请停下自己的脚步，细心地检点自己；当遭遇指责，请放下心中的自傲，虚心地完善自己，生命将更加美丽，成功将如约而至。对非议我们要正确看待，完全不关注别人的非议，会被认为不合群、过于傲慢，有可能丧失职场机会，但是太关注别人的非议，又会落得心神疲惫的下场。尽管非议不是随着生命的消逝就消失了，但历史更关注的还是一个人对社会的真正贡献。

面对一些无端的指责，要以平常心态对待，冷静思考对策，不要自乱方寸；更不要耗费大量时间和精力急于反击或者辩驳，把自己拖得精疲力尽。事实胜于雄辩，有些事情让事实来证明对错吧；有些事情会越描越黑，那就让时间来证明对错吧，记住该记住的，忘记该忘记的。要知道，沉默有时候是最好的回击。

非议来了，有人选择了用这句口头禅来应对。他们的内心做到了坦荡，也就是做到心如止水，无论对方是以何种口吻出现，你必须潇洒地面对，万不能心浮气躁地一触即发。如果说你被误解了，那你也没必要非得在火头上去解释，过一阵子处置可能会好一些。

还有一种方法就是冷静，凡事先让自己安定心绪再说，毛毛糙糙地应对肯定不会有好结果。在不公面前，你应当有那么一种虚怀若谷和大将风范，冷眼看世界吧，万不可火冒三丈地去做事，感觉自己太委屈、太受气、太无奈。我们不能烦躁，遇事情冷处理，有则改之，无则加勉。

但不管怎么说，我们还是要经常提醒自己，面对不公时泰然自若，你不是为某人某事而生存的，幸福是自己创造的，无论遇到何种景况，你应当乐观着、坚强着、幸福着！

记住该记住的，忘记该忘记的，这句口头禅是一句智者的表达。因为，我们不能活在他人的眼中和口中。在我们的生活中，不管怎样做，都不可能让所有人都满意。我们是社会人，我们不能脱离社会，完全不顾他人感受，但也不必整天为他人对我们的看法而紧张烦恼。事实上，当我们学会坦然面对，做事时多求无愧于心，把握好这个度，我们便能活得自在从容。

口头禅妙用

1. **排解心愁**。既然我们做不到别人眼里的十全十美，就用豁达的心态去应对外界的干扰。这句口头禅不仅是智者的选择，还是做人的智慧。当人们放下烦恼的时刻，正是迎接幸福的时刻。

2. **表示宽容**。人世间的恩恩怨怨难以说清，分分合合，历经坎坷最终又走到了一起，当用这句口头禅时，就意味着对以往的过节既往不咎，只留下彼此融洽美好的记忆，用这句口头禅表示宽容再适合不过。

改变能改变的，接受难以改变的

你自己可以掌控的事物可以根据你的意愿做出调整，当外界不容易被改变时，你也要乐天知命。你只能改变自己来适应环境，而不是让环境改变来适应你，那不可能，所以心要放得开，从改变自己入手，因为你的改变对方也会做出相应的改变。

面对人生的一些选择，我们会如无头苍蝇，瞎飞乱撞，幸运的人找到出口从此见得光明，而那些倒霉的，直到头破血流也只能同黑暗与凄凉一起埋葬。而有那么一种智者，他们的口头禅是"改变能改变的，接受难以改变的"，这便是改变思路、调整自己的作用。

有些时候，我们对每件事都抓得太紧太牢，在每件事上都想要做到完美无瑕，只要有丝毫的瑕疵就郁郁寡欢，闷闷不乐，让自己陷入痛苦之中。比如择业，总是盲目地为无所知之的未来偏离了本身奋斗的轨道，盲目地认为多一种选择多一次机会。但是机会来临时，真的是自己想要的吗？社会是现实和残酷的，与其去为那不可能做出成绩的选择做出无为的努力，何不着眼现在，为自己想去选择的行船做出有价值的努力呢？

对于可以改变的事物，有些精神上慵懒的人，如果说早几年还有心去争一争、抢一抢、拼一拼，那失败之后就只有随波逐流了。这样的事情是可悲的，他们最多只是心里有些不甘、有些不快，但碰壁之后再也没有尝试去改变。内心的汹涌澎湃，只有在内心激荡，发出一阵阵回声。

而经常嘴上挂着"改变能改变的，接受难以改变的"口头禅的人，他们会正确评判哪些事情是可以改变的或者是不可以改变的。比如自己所能做的，就是提升自我，在个人修养上、待人接物上转变；做最好的自己，加强自信心的培养，做好每一个细节。而不能改变的事物，他们就会选择坦然的接受。

西方有句著名的谚语：不要为打翻的牛奶而哭泣。牛奶被打翻了，愚蠢的人会不断地埋怨自己的粗心，并沉迷于痛惜的悲哀之中；聪明的人会一笑而过，既然牛奶洒了，悲伤也没用，不如努力工作，去挣得下一杯牛奶和面包。这句口头禅在现实中也有很广的应用，有很多我们无法改变的东西，比如周围的环境、天气、市场等，那我们就不要去改变它们，而是面对现实、接受现实。重要的是我们可以把握和控制一些改变，比如自己的想法、心态、勤奋程度等一些自我的因素，把自己调整到最好状态，去积极地应对各种挑战。

事情本身其实并不复杂，是人们的脑袋把事情弄复杂了，回归简单，能理清是非，排解无谓的烦恼，生活就顺畅多了。用简单的头脑处理复杂的事情，用丰富的心灵装点单调的日子，生命将异常精彩。

一个国王光着脚步行外出，走在路上，脚总是被路上的石子什么的磨破流血，回到王宫，就命令大臣："本王命令你把全城所有的道路上都铺满牛皮。"这条命令传下去后，城中的老百姓议论纷纷。甲："就算杀死了全城的牛，也不够铺满所有的路啊。"乙："是啊，这可如何是好？"丙："唉，这简直是浪费……"有一个大臣想到一个办法，献给大王："大王，你看，只要在脚上裹上牛皮就能解决你的烦恼了。"大王赞许："这主意简直太棒了！"大臣想的是：不管是用牛皮铺路还是穿牛皮鞋子，目的都是一样的，保证脚不再受到伤害。不同的是，铺路是改变环境，而穿鞋子却是改变自己。

　　国王在聪明的大臣的劝说下接受了不能改变的事情，也对可以改变的事情做出了调整，最终达到了目的。

　　我们往往会有这样的疑惑，分不清什么东西是我们可以去改变的，什么东西是再做努力也难以改变的。你可以转变思路，让自己变得灵活点，抗击打能力强大点，承受能力更大点，最好是以不变应万变，不要随大流，但是不要指责别人的不是，你自己设身处地想想，自己改变都很难，想让别人改变就更难了，所以打开思路吧，坦诚地接受一切。

　　喜欢足球的人都知道，著名球星贝克汉姆最出色的就是他右脚精准的长传、传中和极其出色的定位球，不管是在俱乐部还是国家队的生涯中，他以此获得了大量助攻和进球。在我们的职场生活中，我们也非常需要这样的"踢球"技术，顺势调整自己，看清局势，"温柔而坚定"地给"飞来横球"来一脚漂亮的回传，将可能发生的"痛苦"消灭在萌芽之中。

　　很多人从事不感兴趣的工作，容易在压力下产生消极的情绪和应对方式，如紧张、沮丧、拖延、回避或敷衍等等，但最后都难免要面对不利的后果，如老板的批评、同事和客户的失望、业务失利等对我们人生的负面影响。

所以，调整自己，处理不感兴趣的事情是每个人必修的功课，也是一些成功人士的秘诀。我们反思自己的处境，认识自己目前的应对措施和后果，你可以问自己是否能够对目前困扰你的事情说"不"，如果不能，如果你将要采取消极应对的策略，想想如拖延、敷衍会带来什么后果，这些后果是你可以或愿意承受的吗？你可以在纸上反复推敲这几个问题，最后你会发现，不利的后果比目前烦人的工作要可怕得多。通过总结分析，你就要做出调整自己的策略了，那样，你将成长得更快。

"改变能改变的，接受难以改变的"，这句口头禅教会我们要学会调整自己，才会更好地把握局势。要分析自己为什么对这件事没有把握，能否提高自己的掌控技能。如果是因为对事情了解少而没有兴趣，可以在工作中培养自己的兴趣。而在调整自己的过程中，掌握了解决的方法后，你将有效地提高做事效率，快乐也会接踵而至。

口头禅妙用

1. **突破困境**。当面临困境，你必须做出选择。有的人爱钻牛角尖，越是不可变的事情越要撞得头破血流，可最终结果就是：付出的代价换不来事情的发展趋向。对于不可改变的事情，就不要再去争了，唯有调整自己，做可以改变的事情才是这句口头禅的精妙所在。

2. **平和心态**。人们容易受到外界的刺激干扰，当心理不平衡的时候，这句口头禅是最好的良药。做最好的自己，放平心态，平静地去判断、去挑战自我，接受结果，才是智者所要做的事情。

能冲刷一切眼泪的，就是时间

时间是个神奇的魔术师，一切的伤痛经它过滤，最终都会愈合。经时间的检验，没有人可以伪装而不被发现。任何对错、是非，都要接受考验。人们得以放下伤痛，时间是最好的药师。

悲伤和不幸的记忆也是人生中的一部分，我们要学着坦然面对已经过去的它！经常说"能冲刷一切眼泪的，就是时间"这句口头禅的人，必是坚贞不屈、胸怀大志的人，他们不会因为一时的气愤而坏了整个梦想计划，因为，时间可以证明一切。

让所有的事情顺其自然，能冲刷一切眼泪的，就是时间，以时间来推移感情，时间越长，冲突越淡。当伤痛来临，我们要学着沉着和镇静，用处变不惊来应对一些麻烦。处变不惊是一种勇于战胜痛苦和失败的性格。就好比能在台上侃侃而谈的那些人，从容应对各种意外甚至刻薄的问题。这些人天生就反应快，嘴巴利索，敢于在众人面前表现，不会怯场。他们在突发事件面前都能保持镇静，这需要坚强的性格，还要有丰富的阅历。不管是否有痛苦，我们都要在淡定中寻求转机。

经常说出"能冲刷一切眼泪的，就是时间"的人有"非成功不可"的意志，他们面对痛苦和失败都有种处变不惊的风范，所有困难和现有缺陷，都不会构成他们放弃追求成功的理由。淡定的人，优雅而从容。淡定，是骨子里透露出的那种优雅和从容，而不是做作出来的从容。

请看下面一则故事。

四年前，王非供职于一家民营电台，台内有位同仁剽窃友台的节目，从访问到主述全部完整播出，且这个节目还获主管部门巨额的制作经费。王非写了一封检举信到主管部门。没想到主管部门竟然把信寄回公司。接着电台老板带着那位被检举人，亲往主管部门解释。

可想而知，老板脸上无光之余，要炒她的鱿鱼。幸好有爱护王非的长官保荐，方得继续工作下去。

与"被害者"有私谊的同业一见到王非就满脸不屑——"告密者"，似乎王非的脸上写了这三个字。而同事们也在王非的身后议论纷纷。

只因为一封王非自认为动机单纯的信，使王非的人格、私德全部打了个大叉。

王非真的错了吗？难道不必付出、坐等收获者，可以永远捡便宜？现实社会难道没有公平正义？在那最无助的时刻，支持王非的是知王非甚深的几个姐妹。大家在数落了王非这傻大姐的糊涂作为后，仍以无比的同情及爱心做王非的后盾，让王非在晦暗的工作阴霾下，仍得以看见丝丝亮丽的阳光。

而王非，既然检举别人的作弊，自己更要行事端正才行。于是王非加倍努力跑新闻，上山下海，勇往直前，不敢有丝毫怠惰。大约一年后，当初向着"被害者"而对王非不齿的同仁对王非报以亲切的笑容，也不吝于与王非交换新闻了。

令王非欣慰的是，他们都承认王非当初的看法没错。那位被检举者造假的事实被披露。那一天，王非好高兴，原来真理只需等待时间的检验而已。

后来，奇迹发生，王非入围了金钟奖的新闻采访奖。对一个南部小电台来说，这是极大的荣耀。入围名单揭晓，当初保荐王非留下的长官立刻跑到教堂谢恩，而王非则快乐地流下了辛酸的眼泪。

王非的事例向我们说明了，一个人的力量主要来自内在，内心淡定就可以找到力量，任何外在困难都不难克服。淡定的态度，就是把一切看得很淡，不会被事物所左右。我们需要经常做深呼吸，特别是遇到让我们动摇的事情时，做几次深呼吸之后，我们的头脑就会更清醒一点。淡定可以让人处在安静的状态中，去理解满腹令人怨气的事情。因为淡定是让人从容的一种表现。

人们在时间洗礼之下，仍然不能隐忍一些事情，这样就做不到淡定。如果想真的淡定下来，那就让知识来武装我们的头脑和身心吧，让知识丰富自己的思想。淡定让痛苦消失，让失败发生转折。

相信时间，就是相信自己的选择。没有人天生就有面对大惊大难时候处变不惊的天赋，也没有人能够初出茅庐就有坐怀不乱的能力。小孩子面对困难，一般会大哭大叫，因为很多的事没有见过。成年人现在遇到困难，也许会慌乱，但哭闹的就很少了，因为我们随着年龄的增长，阅历增长了。

所以，就让我们的经历去祛除苦痛吧。如果是在读学生，那就好好学习，并尽可能地参加学生会、社团和其他比赛。如果已经工作了，就不要怕累怕苦，批评和责难算不了什么，多承担一些别人敬而远之的东西，当惬意的时候，你收获的就是宝贵的阅历，同时也增长了一点处变不惊的勇气，面对痛苦和失败也更能游刃有余。

让我们流泪的事有大小，我们要学会因事物大小来恒定，因个人生活的阅历来诠释，这些才是我们修身养性的标准格言。面对身边的纷纷扰扰，面对人生里的沸沸扬扬，面对自己生活的一方净土，看窗外的一片漂浮的天空，要学会深掩胸怀，学会淡定。领悟了"时间能冲刷一切眼泪"的道理，我们的生活就会有新的光明。

口头禅妙用

1. **安慰激励**。当遇到不公的待遇时，这句口头禅可以帮助人们坚定内心的想法，坚定个人的信念，激励他们更好地走下去。时间是个魔法师，可以冲去尘埃，最终留下真相。应用此法能够鼓励人继续上进。

2. **陈述明志**。当一切事物变得模糊时，可以用时间加强个人的信念。遇到挫折，在前进与否的问题上，这句口头禅的出现，能给人莫大的鼓励。相信真相能够大白于天下，自己的付出也会得到相应的回报。

把别人想得太复杂，是因为你也不简单

看别人总是深不可测，是因为自己不再单纯，历经现实的洗礼，让自己对别人的看法由简单变得复杂。这种转变是由于自己获得了成长，能与对方平起平坐，自己也已经变得很复杂了。

年少时的我们无忧无虑，随着年龄的增长，烦恼却与日俱增，原本简单的事情也变得更加复杂。"把别人想得太复杂，是因为你也不简单"

这句口头禅不仅说明了你的成长，也透露着一种成长的无奈。历经生活的沧桑，曾想抓住身边的机遇却一再错过，想完成自己的梦想，决绝的它日渐遥远。总而言之，别人好像深不可测，自己也不再单纯，生活中一连串的苦恼，就这样有形无形地折磨着自己。

随着时光的流逝我们在慢慢走向成熟，我们也有了不少的心事。也许是有关事业的，也许是有关家庭的，也许是有关爱情的。总而言之，让我们内心产生了一种纠结的情绪。这种苦恼有的时候让我们很痛苦，经常把我们推向消极的死胡同，使我们丧失最初的斗志，觉得生活带给了自己太多的失落。其实，事情并没有我们想象中的那么沉重，但我们却认为它很沉重，就这样日子一天天过着，我们有了一种在苦恼中挣扎的感觉。

当压力袭来，感觉别人就是自己的敌人，当我们感到一些压力和失落让我们的人生失去意义，你就需要暂时地停下脚步，让自己内心的不满、痛苦，和无奈得到彻底的宣泄。让这句口头禅把我们的不满彻底宣泄出去，我们还可以给自己设计一段轻松的日子，在那些日子里，什么都不要想，去做自己喜欢的事情，将各种各样的苦恼统统抛在脑后。不再去管明天的房贷能不能如期还上，让下星期必须完成的文件、报表、策划案通通见鬼去吧。你现在需要的就是休息和放松，只有让自己的情绪归于宁静，你才能在以后更加从容地面对压力，面对人生，面对你自己。

这时候忽然想起了这样一个故事。

一架飞机正在白云之上翱翔，机舱内的空姐微笑着给乘客送食品。张老板细细地品尝美食，而邻座的年轻人却愁眉苦脸地望着窗外的天空。

张老板颇为好奇，热情地问："小伙子，怎么不吃点？这伙食标准不低，味道也不错。"

年轻人慢慢地扭过头，不无尴尬地说："谢谢，您慢用，我没胃口。"

张老板仍热情地搭讪："年纪轻轻的怎么会没胃口？是不是遇到什么不开心的事啦？"

面对张老板热心地询问，年轻人有些无奈："遇到点麻烦事，心情不太好，但愿不会破坏了您的好胃口。"

张老板非但不生气，反倒更热心了："如果不介意，说来听听，兴许我能给你排忧解难。"

年轻人看了看表，还有一个多小时才能到目的地，就聊聊吧。

年轻人说："昨夜接到女朋友电话，说有急事要和我谈谈。问她有什么事，女朋友表示见了面再说。"

张老板听后笑了："这有什么犯愁的呀？见了面不就全清楚了吗？"

年轻人说："她可从来没这么和我说过话。要么是出了什么大事，要么就是有什么变故，也许是想和我分手，电话里不便谈。"

张老板笑出声："你小小年纪，想法可不少。也许没那么复杂，是你想得太多。"

年轻人叹道："我昨天整个晚上都没合眼，总有一种不祥的预感。唉，你是没身临其境，哪能体会我此刻的心情。你要是遇到麻烦，就不会这样开心啦。"

张老板依然在笑："你怎么知道我没遇到麻烦事？也许你的判断不

够准确。"说着，张老板拿出一份合同，"我是去广州打官司的，我们公司遇到前所未有的大麻烦，还不知能否胜诉。"

年轻人疑惑地问："您好像一点也不着急。"

张老板回答："说一点不急是假的，可急又有什么用呢？到了之后再说，谁也不知道对方会耍什么花样。可能我们会赢，也可能一败涂地。"

年轻人不禁有点佩服起眼前这位儒雅的绅士来。一晃几十分钟过去，到达了目的地广州，张老板临别给了年轻人一张名片，表示有时间可以联系。

几天后，年轻人按照名片上的号码给张老板去了个电话："谢谢您，张董事长！如您所料，没有任何麻烦。我女朋友只想见见我，才想出这么个办法。您的官司打得怎么样？"

张董事长笑声爽朗："和你一样，没什么大麻烦。对方已撤诉，我们和平解决。小伙子，我没说错吧，很多事情面对了再说，提前犯愁无济于事。"年轻人由衷地佩服这位乐观豁达的董事长。

有个成语叫做"自寻烦恼"，这无非是在告诫我们：许多烦心和忧愁都是我们自己给自己绑的绳索，是对自己心力的一种无端耗费，无异于自己给自己设置了一个虚拟的精神陷阱。只要好好把握现在，什么事情都可能出现转机。同样，遇到苦恼的时候，我们没有必要觉得它有多么让人恐惧，不要在自己的想象中把未来还未发生的事情想得那么可怕。有的时候试着把这一切的一切抛在脑后，让其顺其自然地发展，也许一切就会在不知不觉中迎刃而解了。

"把别人想得太复杂，是因为你也不简单"，原本没什么大事，自己把它想多了也就有了事。一座 15 世纪的教堂废墟上留着一行字：事情是这样的，就不会那样。藏在苦恼的泥潭里不能自拔，只会与快乐无缘。所以你要给自己找一个远离苦恼的理由来安顿自己的心灵，抓住苦恼不放，就会失去生活的乐趣。

这个世界上没有任何一种苦恼是永恒的，如果有，也是长时间自我纠结的结果，幸福就是这样被人们无缘无故地抛弃的。如果你现在正在经历着苦恼，就一定要学会把它放下，让内心得到一种彻底的平衡和安宁。只有这样你的人生道路才会更加平坦，你走在路上才会更加从容，而幸福的天使将永远不会舍你而去。

口头禅妙用

1. **缓解压力**。将复杂的事情简单化，以简单的思维去看待问题，压力也就随之消失。如果你成天以一种痛苦的、悲哀的感情去做事，那么你的工作也将是非常沉闷灰暗的；而如果你以欢悦的态度对待它，包括那些不如意、不顺心的事，你的生活也就会充满阳光。

2. **化解矛盾**。冤家宜解不宜结，这句口头禅可以打消彼此间的疑虑，将纠纷化解于无形中。同时教会人谨慎择友，你所交往的人会改变你的生活。结交那些希望你快乐和成功的人，你在人生的路上将获得更多益处。对生活的热情具有感染力，因此同乐观的人为伴能让我们看到更多的人生希望。

每个人出生时都是原创的，可之后就都成盗版了

当婴儿呱呱坠地时，他有自己鲜明的特点供家人辨认，而随着年龄的增长，这个人的身上就有了别人的影子，思想、行为等方面处处都有大众的色彩。缺乏个性，没有特色，成为当下很多人的通病。

所谓"无规矩无以成方圆"，这个"圆"使人想到了循规蹈矩、稳定、规范。有人认为这样就是死板。什么是个性的张扬呢？周杰伦手舞双节棍唱着"哼哼哈兮"是一种个性的张扬；跳街舞的年轻人们时尚的打扮也是个性的张扬……其实，个性就是展现自我的风采，展现自我的才华，展现自我的见解。可是，在现实中，有个性的人越来越少，我们只是看到大众化的脸谱，难怪有这句口头禅"每个人出生时都是原创的，可之后就都成盗版了"。

纵观古往今来，英雄人物不胜枚举，他们有人激扬文字、指点江山，有人超脱世外、独善其身，有人聪慧机智、圆通应变，有人刚直不阿、宁断不折。这些英雄豪杰个个保持自己的个性，在一举一动间把自己的特点表现得淋漓尽致，令人印象深刻，世代景仰。

可是受环境、教育等因素的影响，很多人都成了缺少个性的大众化脸谱。我们的生活就有很多类似的不幸。本来你是优秀的，但你周围无用的人影响了你。就像奥利弗·温戴尔·霍母斯所说的一样，生活中最不幸的是，"大多数人带着未演奏的乐曲走进了坟墓。"由于缺乏积极影响你的人，缺乏一个远见卓识的人，我们难以取得卓越的成就。所以，

就有人鼓励多与生活态度积极的人在一起，自己的生活才会可能积极起来，因为你周围的人暗示了你。有这样一个寓言故事。

一枚鹰蛋被放到了一个母鸡的巢里。结果这枚蛋被母鸡孵化成了一只小鹰。这只小鹰自以为也是一只小鸡，每天做着与母鸡一样的事情，在垃圾堆里找食物吃，与其他母鸡嬉戏，像母鸡一样咯咯地叫。它从来没有飞过几尺高，因为母鸡们只能飞这么高。它完全认为自己就与母鸡一样。一天，它看见一只鹰在万里碧空中展翅翱翔，就问母鸡："那种美丽能干的鸟是什么？"母鸡回答说："那是一只鹰，它是一种非常了不起的鸟。你不过是一只鸡，不能像它那样飞，认命吧。"于是，这只鹰接受了这种观点，也不尝试着去飞，没有想过与母鸡们做不一样的事。由于没有鹰去影响它，它只有与母鸡为伍，缺乏远见，结果丧失了鹰的特长，像鸡一样度过了自己的一生，也像鸡一样最后死去。它本来能像鹰一样地飞，但却习惯于周围母鸡的影响，最终造成了这种悲剧。

如果你想象鹰一样在空中翱翔，你就得学会鹰飞翔的方法。"每个人出生时都是原创的，可之后就都成盗版了"，这句口头禅就是说这种悲剧。缺少了个性，这个人的生活就会无比暗淡。

马洛斯认为：大多数人都有一种自我实现的需要和倾向。可是，虽然事实上好像所有的人都有这种潜力，却只有极少数人达到了自我实现。多数情况下，人们对自己的潜能全然不知，他们既不知道什么是有可能做到的，也不理解自我实现会给人带来什么好处。一个人把自己的目标定得高一些，并敢于张扬自己的个性，那么，他们就可能发掘出自己不可想象的潜力。

很多人毕生都没有什么大作为，但他们均渴望张扬人生，可在生活中却又不敢大胆张扬。这句口头禅便印证了这点，由于个性得不到张扬，一些个体趋于萎缩。甚至，导致个人身体、精神病态化发展。而那些生活中的成功者大都是敢于保持自己的个性的人。这些成功者之所以取得成功，就是因为他们性情奔放，敢于保持自己的个性。一个人张扬或奔放的过程，是精神和意志焕发的过程，也是自我潜能得到开发的过程。

敢于保持自己的个性，就说明这个人具有极大的勇气。个性张扬意味着自我发展潜能得到刺激，才能成就更大的事业。既然如此，我们何不潇洒走一回呢？！张扬之后，你或许就能成就另一个自我或另一番事业。

意大利著名的雕刻家兼画家米开朗琪罗曾完成了一件旷世杰作《大卫像》。但是据说雕刻《大卫像》所用的这块大理石，曾被多位雕刻家批评得一无是处，有些人认为这块大理石采凿得不好，有些人嫌它的纹路不够美，用它绝对雕不出好的艺术品，总之它是一块不受人赏识的普通石头。

但是，当米开朗琪罗以独特的眼光，和这块人人都认为无用的大理石相遇后，它就成为举世瞩目的《大卫像》了。

善于张扬自我个性的人会对周围一些不起眼的人、事、物看出与众不同的地方来，或许每个细微的地方都隐藏着不同凡响的智慧。让我们成为别人的米开朗琪罗，让一些平凡的事物，因我们而截然不同。

　　我们应当承认，个性张扬对个人的发展很有帮助，对社会的进步更是一种促进。然而，时下却有一些人一味地去模仿别人，追求所谓的"时尚"，一个"酷"的表情，一个"炫"的姿态。我们对个性要有正确的认识，因为有些事物并不是个性的张扬，而是一种肤浅的作秀罢了。

　　物以类聚，人以群分。这句口头禅说明一个人是什么样的特点，就会与他同特点的人相处在一起。同样，生活积极的人，他们的心态会影响我们，而不是让那些消极的人用他们消极的话来干扰我们的行动。消极的人，他们由于不敢做什么事，总是把一些问题想得过于复杂，以致不敢尝试。如果在你的身边有这样的人，你将受其影响而一事无成。没有人都会成功，但没有尝试肯定不会成功。与积极者在一起，我们会学会尝试的机会，与消极者在一起，除了谨慎有余外，还学会了犹豫。生活中，有这样的人，他们意志坚强，心境平和，同遇到的每一个人谈健康、快乐和成功。看到每一位朋友的独特之处，注意每一件事情的闪光一面。想最好的，做最好的，期待最好的。对他人的成功像对待自己的成功那样充满热情。忘却以往的过失，放眼未来，争取更大的成就。向每一个人展开笑颜。将全部心思用在提高自我上，没有时间去批评别人。雄心大志而无所畏惧，胸怀宽广而常乐无忧。如果在生活中你与这样的人接触，他们将助你成功。

口头禅妙用

　　1. **警醒他人**。一些人缺乏主见，将自己的个性深深埋藏起来，使一身的才能无法施展。这句口头禅能够警醒他人，听听不同的意见是可行的，但一定要有自己的主见。保持自己的个性，不能埋没自己的才能。

2.**鼓励创新**。当个人的做事方法流于俗套的时候，这句口头禅能够给人以点拨。没有创新就是一个平庸的作品，唯有创新才能有所突破。该语句鼓励人既要学习他人的优秀之处，还有勇于创新，取得新成绩。

人生不过是笑笑人家再被别人笑笑而已

你身后没那么多观众，不要太看重自己，只要把自己的生活过好就行。其实，每个人都是别人眼里的一道风景，你在取笑别人的时候，别人也在取笑你，因此，端正心态很重要。

人生在世，最重要的是让自己开心，观众是可有可无的。凡事应看淡点，遇事不可强求。

生活原本有了欢笑才会愉快轻松，这句口头禅里的"笑"难道只是嘲笑和耻笑？不屑的笑？当然也可以是微笑，善意的笑，认同的笑，这才构成了我们的生活。

见到一些人搬弄是非，有的人就拿出这句经典口头禅来回击。人们常常在取笑他人的时候特别起劲，幸灾乐祸地无所顾忌；却忽略了自己身上也有可笑之处，忽略了给他人带来的伤害。实际上，人生舞台上人人都有可笑之处。笑人就等同于笑自己，不要取笑别人，尊重别人等于尊重自己。做人首先要有真诚，不要只看到别人的缺点和缺陷，每个人都有自己的优点，只是你没有发现而已！

人生的道路很漫长，谁也不敢保证明天会是什么样。所以不要用蔑视的眼神去看不如你的人，人都是平等的，要别人尊重你，首先你要懂得尊重别人。爱说这句口头禅的人主张做人要给自己留条后路，谁也不会完美无缺，谁也不敢保证自己一直得意。不要把别人的不好当做是你的笑柄！

一些时候，我们自己以为比别人强，就随意地嘲笑他人，实际上自己本身也有不尽如人意的地方。就好比一首诗中所写的"我们嘲笑笼中的鸟，却没想到我们的心又何时飞过世俗的牢笼；我们嘲笑被链子拴住的牲畜，却不知道链子乃拴在我们心上；我们嘲笑井底之蛙，可我们也不曾完整地看过广阔的天空。"俗话说："金无足赤，人无完人。"每个人都有不足之处，也有过人之处，从这一点上来说，谁都没有资格嘲笑谁。

这句口头禅同样说明了，太在意自己就等于失去了自己。或许我们对别人来说只是配角，但在自己心中我们要坚信自己是独一无二的。我们的重要性并不来自别人的褒扬而是源于自我的肯定，归根结底，自信是人最美丽的优点，而且这种美不会被任何灰尘覆盖。

中学时的一个班长，在唱歌方面五音不全。但是在一次庆祝会上，他被推上去唱《爱就一个字》，结果可想而知，每个人都笑得前俯后仰，乐不可支。从那以后，大家似乎总是会拿他开玩笑，嘿，爱就一个字，我只说一次。他都非常尴尬。

许多年后的一次同学会上，他自己主动提起。而同学们似乎都集体失忆了一样，有这样的事情吗？我都给忘了！

因此，不管是你一夜风光，还是一夜落魄，耿耿于怀的那个人只有你自己。没有人真的把这样的事情装入了脑，铭刻在心。他们会淡忘，他们会不再记起。那么，我们何必为自己的小缺点小错误斤斤计较呢，而我们，又何必抱着曾经的荣誉不能释怀呢？

"人生不过是笑笑人家再被别人笑笑而已"，这是一种豁达，不需要别人多么在乎自己，没有任何人比自己更了解自己的心，多爱自己比一切都来得实在。其实一个人挺好。我们生来就是孤独的，不管你是走在熙熙攘攘的人群还是被人簇拥着，这种孤独如影随形。我们走在彼此的道路上，就算擦肩而过及相拥而眠，心与心仍然飞翔在各自的天空。

约翰留胡子已有很多年，忽然他准备把胡子剃掉，可是又有点犹豫：朋友、同事会怎么想，他们会不会取笑我？经过数天的深思熟虑，他终于下决心只留下小胡子。第二天上班时，他已有足够的心理准备来应付最糟的状况。结果出乎意料，没有人对他的改变有任何评价，大家匆匆忙忙来到办公室，紧紧张张地做着各自的事情。事实上，一直到中午休息时也没有一个人说过一个字。最后他忍不住先问别人："你觉得我这样子如何？"

对方一愣："什么样子？"

"你没注意到我今天有点不一样吗？"

同事这才开始从头到脚打量他，最后终于有人嚷出："噢！你留了八字胡。"

著名表演艺术家英若诚也讲过一个类似的故事。他出生成长在一个大家庭中，每次吃饭都是几十口人坐在大餐厅中。有一次他突发奇想，决定跟大家开个玩笑。吃饭前，他把自己藏在饭厅的一个不被人注意的柜子中，想等大家遍寻不到他的时候再跳出来。令英若诚尴尬的是，大家丝毫没有注意到他的缺席。酒足饭饱，大家离去，他这才蔫蔫地走出来吃残羹剩菜。自那以后，他就告诫自己：永远不要把自己看得太重要，否则会大失所望。

不要把自己当做是世界的中心，每天对着镜子琢磨半小时决定用什么口红，什么领带，你的苦心也许根本没有人注意。大家都在做自己的事情，你也不要总惦记着别人怎么评价你。

所以，我们要看淡别人，也要看淡来自别人的一切，看淡对自己的过分在意，放开了，也就幸福了。

口头禅妙用

1. **反击应对**。当一些人对别人品头论足的时候，这句口头禅就是最好的应对。评论别人是非的时候，也同样会遭到别人不好的评论。与其那样，我们不如放宽心，做好自己就行了。

2. **反省励志**。自己没有想象中的那么重要，卸下那些不必要的心理包袱，轻装上阵反而会赢得很多。这句口头禅用来激励一些人要用事实说话，不能只讲表面功夫。找回属于自己的位置，重拾昔日的自信。

03

规划
人生需要策划，好赖谈谈规划

人生是需要规划的，不同的人之所以在若干年后生活得有好有坏，主要原因在于他们在当下的规划中有没有做出正确的选择。当下，很多人把规划力作为自己形影不离的口头禅，也有人时不时会因为自己没有做好前期准备而倍感失落。没错，人生是需要规划的，不管你脑袋里有什么样的设想，想完成它都要自己规划一下。人生的路是自己走的，结果要由自己承担。我们应该从当下开始，想想自己该用什么样的前瞻眼光看待人生，经营人生。

许多人爬到了梯子的顶端，却发现梯子架错了墙

　　人生最悲哀的事情，莫过于辛辛苦苦努力到最后，才发现走错了方向。就如同爬到梯子顶端才发现梯子架错了墙，每当这个时候怨天尤人的，就好比是在埋怨梯子和墙，其实真正应该埋怨的，还是我们自己，架梯子的时候不仔细，爬梯子的时候不检查，注定了付出再多也是竹篮打水一场空。要想避免这个悲剧，就要做到"架梯子"的时候心中有数。

　　人生其实就像爬梯子，每个人都希望能通过自己的梯子爬向梦想。可是爬梯子并不是那么顺利，如果说梯子代表努力代表奋斗的话，我们在爬之前首先要明确下来的，就是自己要往哪里爬，找好爬梯子的位置，是我们付出努力和艰辛的前提。很多时候，我们并不是不努力，也并不是没有去奋斗，但是到了最后才发现，最初的那个选择，或者说目标，是错的。于是，之前所付出的一切，瞬间就失去了意义。

　　或者是另外一种情形，我们知道自己想要什么，但由于各种因素的影响，我们选择了"曲线救国"的努力方向。用一生的时间走曲线以期达到原来的目的，然而等到最后，暮然发现，自己选择了一条错误的路，不知不觉地在追求的道路上渐渐偏离了初衷，渐行渐远，直到最后与年

少时的梦想失之交臂，再也无法抵达。

　　与其说这是一种感慨，不如说是对少年人的一种劝勉，在我们追求梦想的道路上，不妨先别急着开足马力，在出发的时候不妨仔细想一想，看一看自己所走的路是否能通往最终的梦想。这也是人生目标的重要性所在，可以说目标决定了一切，目标是我们梦想的焦点所在，我们在努力前行的道路上，要时刻把自己的注意力集中在自己的目标上，这样才能最大限度地降低自己偏离轨道的危险，也保证了我们辛苦付出的努力到最后不会白费。

　　有一个故事，说的是一个边境守卫负责在美国和墨西哥交界处巡守。有一天来了一个墨西哥人，骑着自行车要通过岗哨。他的自行车前面装了满满一篮沙子，要是换作别的守卫，大概挥挥手就放他过去了；但是碰到这位守卫可没那么简单。他非常忠于职守，致力于破获更多边境走私的案子。他直觉墨西哥人一定在走私，于是拿出一把铲子，仔细翻检沙子里究竟藏了什么东西。可是他翻了老半天，什么也没找到，只好挥挥手放他过去。

　　第二天，同样的事情又发生一遍，第三天也是。日复一日，相同情节一再上演。这个守卫始终找不到任何东西，但他就这样翻查了二十年。最后到了守卫退休的日子，收拾好行装的守卫终于忍不住问那位墨西哥人："这件事放在我心上好多年了，不过我今天就要退休了，要是我不知道答案，一定会终生遗憾，希望你能告诉我答案。"

　　墨西哥人这么多年来和他接触，也和他有些感情，于是诚恳地点头说你有什么问题我一定回答你。于是守卫开口问："这么多年来我一直怀疑你走私。你到底是不是走私客？"

　　墨西哥人迟疑了一下，回答道："好吧！我的确是走私客。"

　　守卫心中二十年来的怀疑得到了印证，他很激动地又问道："可是我天天检查你的篮子，却什么也没发现，你到底走私什么东西？"

　　"自行车……"

　　那些弄错了努力目标的人们，就是那位翻查沙子的边境守卫，一开始的目标就错了，再努力也是白搭。我们不妨回过头问一问自己：你是不是那位"翻查沙子的边境守卫"？

　　人生中，当你在抱怨自己是"千里马"，却一直遇不到"伯乐"时，不妨打开你的眼睛、耳朵，看一看自己努力的方向，听一听身边人的建议，这有助于你确定自己的努力是否朝着最初的人生目标，有太多的人在努力前行的道路上走着走着就忘记了最初的目标和方向，那么等待他们的，只有迷茫。前行道路上的迷茫也许是不少年轻人真正的内心写照，年轻时都有这样的感觉，仿佛自己站在一个十字路口不知道去向。没有方向感的我们确实不知道自己将何去何从，没有方向感的我们就没有一个奋斗的目标，导致现在所做的努力都处于一种混沌盲目的状态中，没有对与错，没有成与败。

　　在这样的迷茫中，有些人已经意识到自己的问题所在，很快他便走了出来，而有的人依然还在迷茫的边缘打转儿，那么人生的差距就此拉开了。找到人生方向的人，就会爆发出惊人的能量，创造出一个又一个奇迹。而解决迷茫这个问题的关键所在，就是找到正确的努力方向。

　　对于人生而言，找到目标和方向比努力奋斗更重要，走过人生岁月，当我们回首往事时，相信有不少人都会有这样的感慨："如果当时我要那样做该多好啊。"然而世上终究没有后悔药，所以我们所要做的，就是确定自己想要的正确目标，并且始终朝着这个目标奋斗前行。人的一生很短暂，实现梦想的过程更不会有重来的机会。所以只有我们给自己找到了努力的方向，才不会迷茫、盲目、走更多的弯路。

我们不妨经常问问自己：我们要做出什么样的准备？我们的人生到底要追求什么？我们将如何面对这个现实社会？我们将如何为自己定下人生目标？迷茫其实是大家都经常遇到的问题，它并不足以成为我们人生方向的阻碍，命运也不是天注定的，而是掌握在自己的手中的，我们越早找到人生方向，就会越早走出迷茫，走向成功的道路就越平坦。

口头禅妙用

1. **明确目标**。每当我们为自己定下一个目标，或者是寻找人生伟大梦想的时候，不妨用这句口头禅来小小地自嘲一下，提醒自己在目标和梦想的选择上一定要谨慎，因为有目标才会有方向，错误的目标将会让我们把所有的努力白白浪费在错误的路途上。

2. **时刻警醒**。奋斗的道路上难免陷入迷茫和怀疑，面对眼前的岔路心里没了底气，不知道该作何选择。这个时候这句口头禅有助于我们学会回头，警醒自己，究竟是不是自己已经在错误的墙上爬了半天？回过头看看自己最初的目标和梦想，并且在前行的过程中，我们要时常进行这样的回顾，要时刻提醒自己，千万别爬错了墙。

人生伟业的建立，不在能知，乃在能行

俗话说得好，"光说不练假把式。""知道"跟"做到"，差距并非看起来那么小，甚至是有着天差地别的差异。有不少人为了自己的人生梦想做了许多准备，从规划目标，到具体实现的过程，乃至遇到困难时应该如何去应对，都能说得头头是道，然而他们最终还是与成功失之交臂，原因只有一个：缺乏行动。用一句话形容他们最贴切，那就是"嘴巴上的巨人，行动上的矮子"。

"说一丈不如行一寸"，很多时候，计划得再多，说得再多，不落实到行动上，就没有任何意义。一旦决定去完成一件事情，只有行动才能缩短自己与目标之间的距离，只有行动才能把计划和理想变成现实。心动是做一件事情的前提，但是仅仅停留在心动上，只会计划，只会感动羡慕，不去付诸行动，不流汗成功就永远不会到来。

对于成功而言，想法是很重要，但是它只有在被执行后才有价值。一个被付诸行动的普通想法，要比一打被你放着"改天再说"或"等待好时机"的好想法来得更有价值。如果你不行动起来，那么这个想法永远不会实现。

从前有一个国王决定从他的十位儿子中选一位做继承人。他私下吩咐一位大臣在一条两旁临水的大道上放置了一块"巨石"，任何人想要通过这条路，都得面临这块"巨石"，然后，国王吩咐十位王子来到现场，问他们："如果你们遇到这样的情况，必须通过这条路，那么你们会如何去做？"

为首的王子立刻说道："我曾经接受过攀爬的训练，这块石头虽然看起来很大，但是以我的能力而言，爬过去到对面是一件很轻松的事情。"

另一个王子说："我平日里跟我的老师一起学习并且负责国家的造船工程，我可以用最短的时间造出一艘小船，然后从水路过去。"

接下来王子们七嘴八舌，有的说："我能从水里直接游过去。"还有的说自己可以另造一座桥过去，大家一副踌躇满志，不在话下的样子。

这时一直沉默不语的小王子走上前去，来回端详那块巨石，然后伸出手一推，巨石居然应声而落，滚到水里去了。小王子轻松地走到了对面，回过头来对国王说："父亲，我做到了。"

国王非常高兴，走过那几位还在惊诧中的王子，过去握着小王子的手问："你怎么知道这块巨石可以轻松推动？"

"我不过试了试，"小王子说，"谁知我一推，它就动了。"

原来，那块"巨石"是国王和大臣用很轻的材料仿造的。故事的结局，自然是这位善于行动的小王子继承了王位。

为了梦想打拼的我们不妨问问自己：你有多少想法？你付诸行动的有多少呢？相信我们每个人曾经都有许多想法，只是其中的一大部分都是在想法阶段就寿终正寝了。而那些最终实现梦想的人在谈论自己成功的时候往往也非常简单，那就是：想到，做到。如果我们留心就不难发现，成功人士都有一个共同的特点——言出必行。这种能力完全决定了一个人的成败。立即把思想付诸行动的习惯，要慢慢地建立起来，不要等到条件都完美了才开始行动，那很可能永远都不会开始，然后就像什么都没发生过一样，这也是绝大多数只知道空想的人逃避行动的借口，因此，如果我们心中有了想法，最好赶快开始行动，养成立即行动的习惯，对于我们实现梦想而言，无疑是非常必要的。

实现梦想最重要的是要行动起来，不要只是空想，也不要只是停留在"知道怎么做"的阶段。一个没被付诸行动的想法在你的脑子里停留得越久就会变得越弱。时间一久，细节就会随之变得模糊起来。通常几个星期后你就基本不记得它的内容了。在成为一个实干家的同时，我们可以实现很多的想法，并产生更多新的想法。

现实生活中，我们常常听到人们各种各样的梦想，每一个梦想听起来都很美好，但实际上，那些真正坚韧不拔、全力以赴去实现梦想的人并不多。太多人热衷于谈论梦想，把它当作一句口头禅，一种对日复一日、枯燥乏味生活的安慰。又有多少人带着梦想活了一辈子，却从来没有认真地去尝试用行动实现梦想。

在这个世界上，只有人类能够去梦想，并把梦想变成现实。没有梦想就没有精彩的生活，梦想是人们对未来的向往。然而，这并不意味着只靠梦想就能实现成功，很多时候，再卑微的梦想，缺乏行动，一样无法实现；再宏伟的愿望，只要敢于付诸行动，迟早都会有实现的那一天。行动是我们最好的老师，只有行动起来才会有奇迹发生，才会通往成功，才能成就自己，观望永远不能成功。

对于那些最终没有实现梦想的人们，我们听到的理由可谓是多如牛毛。比如说想去某地旅游，但没有足够的钱；想学习外语，但没有足够的时间；想要追求心仪的对象，但觉得条件还不够成熟等等。人们对于自己做不成的，或者还没有做的事情，很少把原因归结到自己身上，往往都是习惯性地寻找某个外在的理由，以达到为自己开脱的目的，然后继续过自己空想家的日子，让梦想躺在心底的某个角落睡大觉。

其实，能否实现自己的梦想，外部的因素只是很小一部分原因，主观因素才是能否实现自己梦想的主要原因。一个人要实现自己的梦想，最重要的是要具备以下两个条件：勇气和行动。勇气，是指敢于去想敢于去面对的勇气。行动，是指一旦确定了值得自己去追求的梦想，就一定要全身心投入去行动。心想不一定事成。事成的前提是全力以赴去做，比如一个人想学游泳，唯一的办法就是一头扎到游泳池里去，也许开始会呛几口水，但最后一定能够学会游泳。所以说，每个人都有梦想，实现梦想的关键是能否果断地采取行动。行动才是最强大的力量。

口头禅妙用

1. **"知"然后能"行"**。想到才能做到，一个对未来对人生没有想法的人是可悲的，而一个对未来对人生有想法却不敢去付诸行动的人是更可悲的。成功人生的完整模式就是建立梦想到实现梦想，缺少了任何一个环节，最终都只能以失败收场。这句口头禅的作用在于，时刻提醒自己思考和行动的重要性，在我们被自己的雄心壮志弄得有些飘飘然的时候，一定不要忘了这句口头禅。

2. **结果才是一切**。对于所有的想法和梦想，只有行动可以赋予它们意义。这个世界不承认你的梦想有多宏伟，也不承认你的想法有多周密，它只看结果。任何梦想任何想法，没有行动，就没有存在的意义，只有行动可以带我们走向结果。当我们在实现梦想的道路上退缩时，这句口头禅可以鼓励我们勇敢地再次迈出脚步，朝着最终的结果前行。

将事前的忧虑，化为事前的思考和计划

"眉毛胡子一把抓"是形容那些遇事就慌了阵脚，做事毫无头绪的人。生活中有不少这样的人，遇到问题第一反应是忧虑和慌张，导致做出错误的抉择。这其实是一种缺乏冷静思考和计划的现象。每一个人都应该学会在遇到问题的时候首先让自己冷静下来，然后去分析局势，思考对策，这样我们就能够最大限度地避免忧虑。

人生在世，所能遭遇的事情可以说数都数不清，不管事大事小，我们都应该学会认真对待；但也不要把某些事情看得太重，看得太重往往会导致事前过分忧虑而慌了方寸乱了阵脚。每临大事有静气——只有在日常锻炼自己的修为，开阔眼界和心胸，加深自身修养，增强信心和勇气，培养坚强不屈的性格，在日常生活中多加历练，磨炼顽强的意志品质，树立坚强的生活信念——才能够在遭遇大事之时镇定自若临危不乱。

我们在日常生活中，难免要处理一些繁杂事务，这时候就要尽力做到不冲动盲目或者感情、意气用事。大部分人在头脑发热之中和心血来潮之际，就容易失去理智和自控能力，导致做出不理智举动。因此无论我们遇见什么事情，最好是先平静心情，冷静下来想一想，三思而后行。不要一遇事就没来由地忧虑焦躁，惊慌失措，要沉住气，莫忧虑，更不可心急火燎地把持不住自己。

一位富翁得了重病，临终之前，身边没有一个亲人，他唯一的儿子还在从远方赶回来的途中，眼前只有一个奴隶守候在身边，如何处理自己的遗产，如何保证遗嘱能安全送达儿子手中，是富翁面临的一个非常重要而且迫切的问题。因为自己一旦撒手离世，遗嘱肯定是要交由这个奴隶转交儿子的，难保奴隶不会在其中做什么手脚，甚至是侵吞自己的财产。

难得的是这位富翁是一个遇事冷静的人，他并没有把自己仅剩的一点生命用于忧虑和焦躁，而是冷静思考各种有可能出现的问题以及应对策略。最后他立下了这样一份遗嘱："我死之后我的全部财富归这名奴隶继承，其他人不得动用，然而我儿子可任意选一件物品为他所有。"写完之后，富翁就撒手归西了。

儿子回来之后，见到这份遗嘱不由得大怒："父亲怎么会把他一辈子辛辛苦苦积累下来的财富全部都给了奴隶，却只给自己留下一件物品呢？"他百思不得其解，于是去请教村里的一位长者。长者听了，微微一笑，对他说："你的父亲真是聪明，他给你留下了他的全部财富啊。你再好好看看你父亲留下的遗嘱吧。"

儿子拿起遗嘱看了半天，还是不明白到底是怎么回事，长者于是告诉他说："遗嘱上不是说得很清楚吗？你有权利任意选择一件物品为你所有，这样一来，你如果选择了那个奴隶不就是选择了全部的财富吗？

这样看起来，你的父亲真是深谋远虑啊。"

　　富翁的儿子这才恍然大悟，终于明白了父亲这样做的良苦用心：如果父亲死了，自己又不在他的身边，奴隶很可能会带着财富逃走，甚至连丧事也不告诉他。因此，父亲才把全部财富都送给奴隶，这样做的目的其实就是为了稳住那个奴隶而让他不至于逃走，好让自己回来再收回这笔遗产，所以才立下了这样的遗嘱。

　　面临自己的财产无法掌控的危险时，这位富翁没有直接留给儿子巨额的财富，却留给了儿子控制这笔财富的方法，正是这个方法保障了他们的巨额财富。而他之所以能够在临终之前的短暂时间里想到这个方法，正依赖于他遇事时的冷静心态。这是值得我们每一个人去学习的。那么，在我们日常生活中，一旦遇到一些容易导致我们忧虑和焦躁的事情时，我们应该如何去做才能够保持自己头脑的冷静呢。

　　首先一定要想办法让自己平心静气，不妨先用一些身体和动作上的细节来帮助自己冷静。能使人平心静气的三项法则："首先降低声音，继而放慢语速，最后胸部挺直。"降低声音、放慢语速都可以缓解情绪冲动，而胸部向前挺直，就会淡化冲动紧张的气氛，因为人情绪激动、语调激烈的人通常都是胸前倾的，当身体前倾时，就会使自己的脸接近对方，这种讲话姿态能人为地造成紧张局面。

　　其次要尽快用交换角色的方法来让自己更全面地思考问题。在美国，一所大学的商学教授罗伯特·凯利，曾经在一次企业培训活动中遇到一位程序设计员和他的上司就某一个软件的价值问题发生争执，凯利建议他们先停止争论，然后互相站在对方的立场来重新辩论，结果五分钟后，双方便意识到了彼此的表现多么可笑，大家都笑了起来，接着很快找出了解决的办法。其实在人与人沟通过程中，心理因素起着重要的作用，人们都认为自己是对的，对方必须接受自己的意见才行。如果双方在意见交流时，能够交换角色而设身处地地想一想，就能避免双方做出不冷静的选择。

还有重要的一点是学会闭口倾听，如果遇到了突发事件，发生了争执，切记免开尊口。先听听别人的，让别人把话说完，要尽量做到虚心诚恳，通情达理。靠争吵绝对难以赢得人心，立竿见影的办法是彼此诚恳相对。愤怒情绪发生的特点在于短暂，"气头"过后，矛盾就较为容易解决。当别人的想法你不能苟同，而一时又觉得自己很难说服对方时，闭口倾听，会使对方意识到，听话的人对他的观点感兴趣，这样不仅压住了自己的"气头"，同时有利于削弱和避开对方的急躁情绪，从而冷静处理问题，找出解决问题的方法和计划。

口头禅妙用

1. **防止急躁**。每当遇到那些令我们焦虑的事情，一定要告诫自己先冷静下来，这样才能够让自己冷静思考制定对应的应对计划。否则只会让自己产生无谓的忧虑，而无助于事情的处理和解决。

2. **凡事预则立**。没有任何人的应变能力能达到随时应对突发事件而不犯错误，所以凡事不能松懈，不要听别人说什么"船到桥头自然直"，一定要在事前进行冷静的思考和计划，这样会让我们走得更快更稳。

不要等待机会，而要创造机会

机会是什么？也许没有人能够说清楚，有人觉得机会是可遇不可求的，就像走在街上捡了一笔钱，但这种事真的不能被称作是机会，充其量只能算是走了狗屎运。有句话是这么说的：机会只青睐那些做好准备的人。确实如此，机会并不是等来的，而是可以创造的。只要你相信这一点，并且做出了足够的努力，那么属于你的机会自然会到来。

古今中外，随便翻翻史书，就会发现，有许多身怀绝世才学，却没有合适的舞台，才能无法施展的人，总是会面对自己无奈的人生，发出无可奈何的感叹：如果给我一个机会，我将会改变整个世界。几千年来，很多人就这样在等待能够施展的舞台，很多人就在这样的等待中耗尽了自己的岁月和生命，最终消失在历史的尘烟中，被人们所遗忘。

等待能够改变身边世界的机会，等待能够横扫千军的机会，这是古往今来许多人渴望而不容易得到的梦想。而结果往往是：没有别人能够给你那个可以改变世界的机会，也没有别人能够为你创造施展才华的机会，这也恰恰成为许多自以为很有才能的人为自己的失败寻找的借口。他们在为自己寻找理由开脱的时候却恰恰忽略了另外一个问题：与其等待机会降临，与其等待别人的赏识，为什么不可以主动去创造机会或者寻找机会？

人生中，机会不会自动地找到你，你必须不断而又醒目地关注才有可能寻找到机会，但是，第一步必须让人发现你，进而赏识和信赖你。

因此，你必须勇于尝试，一次次地去叩响机会的大门，总有一扇是会为你而打开的。等待机会或者停止前进都将会被人家超越，与其被别人超越，不如自己超越自己，一个人最大的敌人就是自己，如果我们超越了自己，那么任何人都无法超越我们，因为自己才是我们最大的挑战对手。等待机会不如去创造机会，去争取属于我们自己的机会。与其停止前行，为什么我们就不能要自己再向前再迈一步呢，其实成功和失败就只差那么一小步而已！

曾经在某大学有一节经济学方面的公开课。课间，安排了一个专家作讲演。讲演的人总是希望有人能配合自己，于是他问："在座的有多少人喜欢经济学？"可没有一个人响应。但事实是，专家知道在场的很多人，都是经济学专业或者是从事经济工作的，到这儿来的目的就是"充电"。可由于怕被提问，大家都选择了沉默。

专家苦笑了一下说："我先暂停一下，讲个故事给你们听。

"当年我刚到美国读书的时候，在大学里经常有类似这样的专家讲座，每次都是请华尔街或跨国公司的高级管理人员讲演。每次开讲前，我都会发现一个有趣的现象，我周围的同学总是会找来一张硬纸，中间对折一下，让它可以立在面前的桌子上，然后用颜色很鲜艳的笔大大地用粗体字写上自己的名字。于是，当讲演者需要听者回答问题时，他就可以直接看名字来提问。

"我以前在学校从未见过这样的做法，便问旁边的同学。他笑着告诉我，讲演的人都是一流的人物，他们就意味着机会。当你的回答令他们满意或惊奇时，就会对你留下更加深刻的印象，这很有可能就预示他可能会给你提供很多机会，这是一个非常简单的道理。

"事实也确实如此，我的确看到我周围的几个同学，因为出色的见解，最终得以到一流的公司供职……"

在专家讲完这个小故事之后，在座的不少人都在提问的时候举起了自己的手。

这个故事的道理其实非常简单：在人才辈出、竞争日趋激烈的今天，机会一般不会自动找到你，只有敢于表达自己，让别人认识你，吸引对方的注意力，你才可能寻找到机会。我想我们绝大多数人都有自己的理想和目标，但人生的第一步必须学会主动去为自己创造机会。说到底，这是一种观念，是主动出击还是被动选择？也许，这决定着你能否成功。

在我们因为没有发展机会而烦恼的时候，不妨问一问自己：为什么仅仅想要做个能被伯乐赏识的千里马，而不是自己去做伯乐，去赏识更多的千里马？给更多的没有施展机会的千里马以施展才华的舞台？既然觉得自己是千里马，为什么非要等待伯乐来赏识，而不是自己主动去寻找伯乐？主动去寻找自己的舞台？

等待机会？还是创造机会？要知道，等待的人都是弱者，而强者不会等待，而是会去创造机会。世界不属于那些只会去等待机会降临的人，而是属于能够面对现实主动去创造机会的人。成功没什么捷径，如果有的话，学会主动出击去创造机会。如果你足够强大，那就去创造机会，给自己以及其他人创造施展的舞台，如果你不够强大，那么就赶紧想办法充实自己，让自己强大起来。无论如何，都不能消极地等待，因为那除了消磨自己的生命时光和意志外，不会有任何收获。我们的人生很短，经不起无谓的等待。

有一种鸟，体型很小，却能在迁徙的过程中成功地飞越太平洋，靠的只是一小截树枝。它飞行时，把树枝衔在嘴里，飞累了，就把树枝放在水里，站在上面休息。试想一下，如果它带上鸟巢和足够的食物，还能飞得动？飞得远吗？可见，成功不在于条件好坏，而在于对待机会的态度。弱者在优越的条件中错失机会，强者却在没有条件中创造机会，就像飞越太平洋的小鸟，仅仅依靠一小截树枝就能立足，飞翔，成就自己的事业。

很多人在机会降临时，感觉不到机会的存在，更不要说及时抓住机会，这或许就是为什么大多数人一辈子庸庸碌碌终一事无成的缘故吧。甚或有些人在突然而至的多个机会面前，失去了判断力。不知道该选择什么？任最佳机会被别人利用而成就梦想。

命运并非机会，而是对机会的一种选择和把握，有的人把逆境中的不可多得的机会当成了一种千载难逢的发展机会。英国人艾略特说：对于不会利用机会的人来说，机会又有什么用呢？"弱者等待机会。强者创造机会。"谁能把握机会，谁能主动出击，谁就能改变命运。无论各行各业，无论时代变迁，这句话始终都是一个颠扑不破的真理。

口头禅妙用

1. **自我鼓励**。如果有一天觉得自己的人生进入低谷，看不到未来看不到方向的时候，不妨用这句口头禅来为自己鼓鼓劲。机会永远都是有的，就看你有没有被自己失去斗志的双手蒙蔽了眼睛。

2. **平衡心态**。工作和生活中我们难免会因为种种原因错失机会，这个时候不要一味埋怨别人抢了自己的风头，而是要用这句口头禅提醒自己，多从自己身上找找原因，看看自己为什么没有能够争取到机会，要知道，自省永远都是帮助我们强大的有力武器。

任何业绩的质变都来自量变的积累

正所谓"台上三分钟台下十年功"，虽然说我们看到的都是台上的那三分钟，但是我们心里必须清楚：没有台下的那十年甚至数十年工夫，就不可能有台上震撼人心的表演。我们的人生也是如此，无论是生活还是职场，任何业绩的质变都来自量变的积累，就如同天上不会掉馅饼，要想实现"质变"的伟大目标，我们就必须付出"量变"的辛勤努力。

曾经听到过这样一个有趣的小故事，说是有一个大肚汉饿极了，吃了七个饼还没饱，吃到第八个的时候他饱了，于是就非常懊恼地说，早知道我就吃这第八个好了，前面七个都白吃了！这个小故事让人忍俊不禁之余，也能够思考到一个更深刻的问题：量变和质变在我们人生以及事业中的体现。

随着人生经历的增加，我们会越来越深刻地觉得，人生没有一锤定音的事，很多事情都是无数小事累积在一起，长年累月量变达到质变而形成的。有些人原本默默无名，忽然一夜之间名声大震，但世人往往看到的是成功之后的风光无限，而又有几人去仔细研究这个量变到质变的积累的过程呢。

　　曾经有一位非常著名的推销大师，即将告别他的推销生涯，应所在行业协会和社会各界的邀请，他将在这座城市中最大的体育馆，为自己的职业生涯做一个告别演说。演说举行的那天，整个体育场座无虚席，人们都在热切地、焦急地等待着，这位最具传奇特色的推销员，作精彩的演讲。当舞台的大幕徐徐拉开，观众们惊奇地发现，舞台的正中央搭起了一个高大的铁架，架子上吊着一个巨大的铁球。这是要演讲还是做杂技表演？人们都惊奇了。

　　这时候一位老人在人们热烈的掌声中，走了出来，这就是那位充满传奇色彩的推销大王，他站在铁架的一边，并没有说话。人们都惊奇地望着他，不知道他葫芦里卖的什么药。这时两位工作人员，抬着一个巨大的铁锤，放在老人的面前。主持人这时向观众宣布：请两位身体强壮的人，到台上来。好多年轻人跃跃欲试，转眼间已有两名动作快的跑到台上。老人这时向他们讲明规则，请他们用这个大铁锤，去敲打那个吊着的铁球，直到把大铁球荡起来。

　　几个年轻人觉得这并不难，其中一个抢着拿起铁锤，拉开架势，抡起大锤，全力向那吊着的铁球砸去，只听到一声震耳的响声，那吊球纹丝不动。他就用大铁锤接二连三地砸向吊球，很快他自己就累得气喘吁吁。另一个年轻人也不示弱，接过大铁锤把吊球打得叮当响，可是硕大的铁球仍旧一动不动。台下观众逐渐没了呐喊声，大家觉得因为铁球太重的缘故，再大力气去打也是没用的，于是都等着老人做出什么解释。

老人等着整个会场都安静下来，然后从上衣口袋里掏出一个很小的铁锤，然后认真地转过身面对着那个巨大的铁球。他用小锤对着铁球"叮"敲了一下，然后等了几秒钟，再一次用小锤"叮"敲一下。人们奇怪地看着，不知道老人想做什么，凭他手里那只小锤子，怎么可能对这个铁球有任何影响呢？但是老人就那样"叮"敲一下，然后停顿一下，就这样持续地做。十分钟过去了，二十分钟过去了，会场的观众早已开始骚动，有的人干脆起哄起来，人们用各种声音和动作发泄着他们的不满，想让老人说明白到底是什么意思。老人仍然一小锤一停地敲打着，他好像根本没有听见人们在喊叫什么。实在无法忍受的人们开始愤然离去，会场上出现了大块大块的空缺。留下来的一少部分人好像也喊累了，会场渐渐地安静下来。

老人就这样不停地敲了四十分钟，这时，坐在前面的一个年轻人突然大叫一声："球动了！"顿时整个会场立即鸦雀无声，人们都聚精会神地看着那个大铁球。果然那球以很小的摆幅动了起来，不仔细看很难察觉。老人依然如故，一小锤一小锤地敲着，人们好像都听到了那小锤敲打吊球的声响。大铁球摆动幅度越来越大，以至于拉动着那个铁架子"哐哐"作响，它的巨大威力强烈地震撼着在场的每一个人的耳膜，也震撼着每一个人的心，终于场上爆发出一阵阵热烈的掌声，在掌声中，老人转过身来，慢慢地把那把小锤揣进兜里，向大家宣布，演讲结束。

其实老人想要表达的，就是量变到质变之间的奥秘，说是奥秘，其实简单得不能再简单，就是积累。老人用这个方式向大家说明自己之所以能够成为伟大推销员的原因，也是在告诫大家：无论做什么事情，不要奢望能够立竿见影，所有的事业，所有的业绩，都需要在长期积累的过程中一点一点接近质变的那个临界点。也许我们的付出眼下看来是徒劳的，是白费功夫，但只要你真的付出了，那么你的努力最终不会白费。

说到质变与量变，我们的生活中有一个奇怪的现象，就是有不少人都是失败在接近成功的那一瞬。有些人把这种失败怪罪于命运，以为是命运在捉弄人，而事实上，是因为我们在临近成功的时候没有看到质变与量变之间的必然联系，结果我们自己先松懈了，改变甚至停止了量变，最终因为没有足够的量变，成功便与我们失之交臂。

中国有许多关于量变与质变的古语："积土成山，风雨兴焉；积水成渊，蛟龙生焉；积善成德，而神明自得，圣心备焉。"这些句子告诉了我们凡事都是一个积少成多的过程。那么身在职场的我们呢？如果没有潜心钻研的精神，就不会有洞察一切的智慧；没有默默无闻的工作，就不会有显赫卓著的业绩，这都是非常显而易见的道理。

积累知识。"知识就是力量"。当知识的积累达到一定的厚度，就会转化为个人成长的智慧。对一个人来说，注重从书本上学习知识、扩大视野，是非常必要的。不过，还有很重要的一个方面，就是在工作中的学习和积累，这也是非常关键的。只有做到经常从工作中积累知识，不断增长才干，才能不断增强自身以及整个团队的战斗力。

口头禅妙用

1. **学会积累**。一个人，无论学历多高，知识多丰富，都难免会遇到各种各样的问题，我们在工作中要经常用这句口头禅提醒自己量变与质变的关系，在不断总结中反思，在反思中积累。每经过一次思考总结，我们就向成功又迈进了扎实的一步。

2. **决不气馁**。我们的人生经历也许不外乎成功和失败两个方面，可太多的人却往往看重了成功，忽视了失败。其实，总结失败的教训，在某种程度上说，也许比积累成功的经验更重要。不断总结的教训累积下来，终究会有质变的那一天。所以气馁时不妨用这句口头禅来替自己鼓鼓劲。

要么提前解决问题，要么被问题解决

解决问题的最高境界是什么？不是解决得有多快多准，而是做到把问题消解于无形之中。有许多生活和职场中的"高人"，他们能够敏锐地发现各种问题可能出现的征兆，抢在问题严重之前把各种隐患都彻底消除，这才是真正的高手。

生活中我们都会有这样的体会，有的人不管遇到什么问题，危机问题也好日常问题也好，他们总是能够游刃有余地处理和安排，仿佛所有的问题到了他们面前都变得轻而易举。相反，还有一些人，稍微有一点状况他们就手忙脚乱，乱了方寸，到最后弄得鸡犬不宁不说，问题反而更严重了。为什么会有如此巨大的差异？为什么有的人总能够顺利解决问题，有的人总是反过来被问题搞定？其实最大的原因不是什么能力学历智商什么的，而是处理问题的态度和方法。

这其实是一个对于问题未雨绸缪和合理安排时间的问题。对于我们每一个人而言，其实时间才是我们生命中最重要的财富，因为时间就是生命。如何让我们的时间增加，如何有效地用好时间，这才是面对问题时最重要的部分。很多时候，未雨绸缪地考虑问题，尽量把解决问题的时间提前，是简化一切问题的最有效手段，事实也证明，问题解决的月提前，考虑得越早，问题所带来的危害以及麻烦就越小。不管是在日常生活中还是在工作中，我们都应该明白和记住这个道理。

公司保安科有张强、李伟、赵克三个人，老科长退休了，要从他们当中提拔一个做科长。这天，公司意外发生了一起火灾，但由于保安人员及时有效的措施，并没有造成太严重的损失。事后，领导进行了论功行赏，并宣布有关任命情况。

张强奋不顾身，带人抢出了公司的重要资料和物资，头发都被火燎了。李伟及时开了消防栓灭火，并且报了火警，衣服都破了。领导说张强李伟二人是好样的，要全体员工向他们学习，分别奖励了他们 500 元钱。出人意料的是，领导竟然宣布赵克做保安科长。可当时赵克待在家里，毫发未损。众人不解，为什么要提拔赵克做科长呢？

领导说："因为他和我吵了一架，生气了才待在家里的。"

众人更是一头雾水，赵克目无纪律，目无领导，那更不能提拔他啊。

面对众人的疑惑，领导抿了一口茶，缓缓地说道："那天，他找我反映公司的消防有隐患，强烈建议要立即整改。我说公司正忙着，等忙过这阵子再说吧。他生气了，就撂了挑子。假如我当时听他的，就不会有这场火灾，就会没有一点损失了。你们说他的功劳是不是最大？"

从这则故事中，不难悟出一个道理，那就是赵克的"未雨绸缪"，不但赢得了领导的赏识，还带来了职务上的升迁，可谓一举两得。生活中，不缺乏像张强、李伟这样的人才，也是老实本分，一心为工作着想，但赵克却有"未雨绸缪"的敏锐性和责任感。

如今的社会竞争越来越激烈，我们更是要学会思考和分析问题的前瞻性，不能四平八稳地等待时机，要主动出击，从各种错综复杂的人际关系和工作症结中找出适合自己的坐标，然后再从点滴中学会去把握机会。文中张强、李伟、赵克三个人的生动事例，让人感叹不已。赵克从大局着想，居安思危，未雨绸缪的做法不得不令人叫好和称赞。在生活中，我们忽略的恰恰也是这点，总习惯于"事不关己高高挂起"的思想，拈轻怕重，不愿意管，不敢管等许多懒惰思想束缚了自己的手脚，乍一看好像是能够避开一些问题和麻烦，时间一长，必定会积少成多，最终被问题搞得焦头烂额，得不到别人的认可和赏识。

所以，无论是生活还是工作中遇到的问题，我们都要学会有危机意识，并且要做到未雨绸缪，预先做好充分的准备，随时把"怎么办"握在手心里。毕竟，时刻保持危机感可以让自己面对问题时更加清醒。有的人一直过着看似平静的生活，也没有遇到过什么重大的问题，以为一辈子也就将这样过下去，没有考虑到任何意外的发生。而当有一天，问题真正出现的时候，却是六神无主，不知该如何应对。所以，不如从现在开始，就做好准备，把有可能会出现的问题都提前搞定，消灭在萌芽状态，以防担心的"万一"真的会发生在我们的身边。

未雨绸缪，居安思危，既是兴奋剂，也是清醒剂；既可以说是一种心态，也是种面对问题永远保持警惕的精神；既靠意志，更须行动。在实际生活中，我们要学会和善于实行"打提前量"，做到居安思危，危则有备，备则无患。比尔·盖茨说"微软离破产永远只有 18 个月"，任正非认为"华为总会有冬天，准备好棉衣比不准备好"等等，这些例子都表明，那些取得巨大成就，面对任何问题都能够做到游刃有余的人们，往往都是靠着未雨绸缪提前处理问题这个法宝。

因此，不论什么时候，不管我们面对的问题是无关痛痒还是关乎存亡，都要学会打提前量，做到"未雨绸缪"，这样在生活以及职场中遇到问题时不至于手忙脚乱而最终被问题"搞定"。做到游刃有余，正如诸葛亮所谓："志当存高远"，我们必须要看得更远，看到更多有可能出现的问题以及问题有可能出现的变化，才能真正做到遇到任何问题都迎刃而解。

口头禅妙用

1. **未雨绸缪**。哪怕是我们身处顺境一切问题看起来都很遥远，也不要忘了未雨绸缪去考虑那些有可能出现的问题。经常用这句口头禅提醒自己，提前把问题解决在萌芽状态，是我们保证遇到问题做到轻松处理的最大法宝。

2. **合理统筹**。生活中有很多人就是因为不能够在处理问题的时候打好提前量，结果最终把那些原本并不紧急的问题拖到最后造成了火烧眉毛的局面，这不仅是没有长远眼光的表现，也是不会合理安排时间的表现，要科学处理问题，紧急的问题要提前处理，相对不紧急的问题可以相应地安排到后面处理，这样才有助于我们顺利解决生活中的任何问题。

职场
职场风云谈笑间，你方登罢我上场

一些寓意精辟的口头禅多出自职场，职场千姿百态，风云不断。在一轮轮冤冤相报之后，斗争的双方无论胜负都是职场的败者。但是思想尖锐的职场中人，却很有可能因为言语或观点而冲撞对方，陷入困局。因此，要想在职场中发挥出个人价值，除了提升专业素养外，学习这些精妙的职场口头禅也不失为一种良策。

为什么已经很努力了，却徒劳无功

有时候人们的能力并不能带给自己应有的回报，处在社会这个大环境中，付出 99% 的努力，但更要重视 1% 的人际关系。付出再多，而缺少他人的认可，一切都是徒劳的。

在职场中，尽管你工作很努力，却有可能得不到上司和同事的认可；尽管你准备了一份详尽的资料，却仍不能在这场谈判中胜出；尽管你愿意与周围的同事建立良好的沟通，却又得不到他们应有的关照……你感到沮丧，甚至开始怀疑自己的工作能力。于是乎，"为什么已经很努力了，却徒劳无功"这句口头禅被人们每每提起。

职场上有这样一个铁打不变的"天条"：你有多大的能力不重要，重要的是，你的能力被谁认可，谁愿意用你。很多人感慨自己的付出与回报不成正比，却不能很好地认真反思，自己的人际关系到底怎样？其实，能及时融入团队的是那些聪明的有成功潜质的人，团队抛弃的往往是那些孤傲的人，因为人不可能孤立地存在于任何地方。一个从"能干的人"到"团队好伙伴"的蜕变过程，就是你通往成功的必经之路，得到了团队的认可，你的职场道路也会走得更加顺畅。

职场中团队的合作力是很重要的，作为一个个体，在拥有属于自己的成功之前，首先要赢得整个团队的接纳，这是一个非常关键的自我推销过程，也是自己在未来的工作中能否赢得更多帮助的一个中心点。有这么一些频繁跳槽的人，他们总是抱怨自己怀才不遇，常常借口头禅"为什么已经很努力了，却徒劳无功"感慨工作环境不好，无法与其他同事融洽地相处，一段时间后这些人大多也不太优秀。他们始终不明白自己与工作不合拍的症结在哪里，更没办法从根源上想办法去改变它。

　　职场工作中，每个成员的优缺点都不尽相同，渴望成功的人常常是积极寻找并学习团队成员中积极的品质，在团队合作中把自己的缺点和消极品质消灭到最小。有许多人都像红玫瑰一样自命清高，自认为能力出众，总认为他人对自己一点作用都没有。其实，再优秀的人都有需要他人帮助的地方。我们不能只看重一个人的辉煌业绩，而是要看到在其背后的团队支持。只有全体人员积极性、主动性、创造性的最大限度发挥，才会有团队的成功。

　　一位能力出众的员工，因在一次谈判中表现出色，为公司赢得了很好的效益，受到老板的高度表扬。之后使他更加认识了自己的能力与价值，老板的赞赏让他觉得自己非同一般。在以后的工作中，他一副自高自大、目中无人的样子，轻易不和其他同事交往、沟通，在公司里也是独来独往。其他同事因他的态度而渐渐疏离了他，都不愿意与他合作。于是，他被大家边缘化，成了被孤立的人，在诸多事情上都陷入了尴尬的境地。后来一次业务活动中，由于他消息不灵判断失误，给公司造成了很大的损失。老板的恼怒、同事的白眼，让他无法再继续待下去，最终他不得不自行辞职。

这个故事说明，能力出众的人，不能融入团队，他的能力也会受拘束，也正印证了这句口头禅。而那些一心"向上看"的人，也会因脱离群众的基础被边缘化，最终离成功渐行渐远，事业受到损失。而在新加入团队中的人，往往会有不容易融入团体的案例，我们不妨来学习下。

在新人入职培训的时候，小王对以后的工作充满了期待。但是在银行仅仅上了一天班，小王的心情就变得非常沮丧。因为他发现，像自己这样的新人进入银行后，遭遇的都是"冷面孔"，根本无法融入新团队。网点负责人给他丢下最近要做的任务就走了，而柜台里面的老员工都不理小王。工作中碰到一些问题，去请教这些老员工，他们通常是一两句话就把小王打发了。一旦小王追问一下为什么要这样做，就会碰到一句"冷冰冰"的话："在银行，没有那么多为什么可问！"

如果说是因为工作忙，没时间回答小王的问题也就算了。可是在休息时间，老员工照样对小王很冷漠。看到他们中午休息时聊天，小王偶尔插上几句，但是他们总对小王的话爱理不理。要是在聊天的时候，小王提起了一些业务流程中的问题，他们一般的反应就是："不是已经跟你说过了？"然后继续他们的话题。

刚进银行时的激情就这样慢慢被消磨了，小王感觉很难过，不过小王并没有消沉。后来趁自己有时间，去老员工面前介绍自己，帮他们做一些小事，比如做一下印刷、传真、传递单据、扫扫地。老员工发现小王乐意帮助他们，教小王做的事情多了，也愿意跟小王交流了。小王也逐渐融入了这个团体。

这个故事中，积极进取的小王心态上很想融入这个集体，也想向老员工学习熟悉业务知识，其实这是一个非常艰难的推销自我的过程。他没有借这句口头禅来发泄不满，而是凭着他勤奋、热心的行动，最终让老员工接纳了他。

然而，事实上问题并不是出在你的工作能力上，而在于你是否有良好的人际关系。聪明的女性，善于利用一些"小动作"来帮助自己完善人际关系，她们的优雅气质体现在一举手、一投足，乃至一颦一笑之间。

职场初期，你的"造势"重心则是对内，让你的能力得到领导的认可。同时，还要以实际行动证明，你不仅技艺超群、业绩出色，还是一个具有很好团队精神的潜在领导者，也就是说具备往上走、带团队的潜能。你不能放松对外推销自己，要适当地参加培训、会议等活动，广交朋友，也将自己的专业能力和行业水准验证一下，向同仁学习。

总之，要想自己的努力得到应有的回报，你必须有勤奋学习的势头，不要再埋头苦干而是必须"睁开眼睛看世界"，而不是拿这句口头禅来表达不满。你需要做的是，一是要理清楚自己单位的组织结构，看清自己未来的发展方向和在组织内部有没有空间；二是加强对内、对外的沟通。对内沟通，就是所谓"干得好"和"说得好"，其实两者都重要。但要注意这时期，首先要赢得本部门负责人的认可，切记不要越过顶头上司向高层表功，但并不排除通过合适的机会或场合让高层对你加深印象。给自己一个平台，你会有意想不到的收获！

口头禅妙用

1.**发泄不满**。当遇到不公正的对待，内心有火气时，这一句口头禅的应用率就极高。但表达完不满，事情还要很好地解决。你不能听之任之，而是要自行反省、反求诸己，看到底问题出在自己身上，还是真的出在外部原因上。

2. **提出诉求。**当自己长期的额外付出为企业创造了更高的效益，而自己的职位、薪资还是原地踏步时，这句口头禅能很好地将你的诉求表达出来。但切记要注意方式方法，不能让人以为你是邀功请赏。

上班时间很短的，电脑一开一关就过去了

身在职场，上班时间是十分珍贵的。有人以为在上班时间少做事一样能拿到报酬，可是在这有限的时间里，努力工作不仅是对老板和企业负责，更是对自己负责。很多的个人能力其实都是在上班时间积攒的。

时间犹如一位公正的匠人，对于珍惜年华的人和虚度光阴的人的赐予有着天壤之别。职场中蹉跎光阴的人，就常用"上班时间很短的，电脑一开一关就过去了"这句口头禅来调侃上班时间的短促。珍惜上班时间的人，它会在你生命的碑石上镂刻下辉煌业绩；而对于那些胸无大志的职场中人，时间却像一个可恶的魔鬼，难以打发。总之，谁对时间越吝啬，时间对谁越慷慨，要时间不辜负你，首先你要不辜负时间；抛弃时间的人，时间就会抛弃他。

浙商商道这样认为：在商场中，时间就是机遇，时间就是金钱。如果你在竞争中输了，那么你输在时间；如果你在竞争中赢了，那么你也赢在时间。将上班时间利用好了，其实就是最好的机遇。很多职场中人都没有发现这一点，这是非常遗憾的。时间伴随着我们的一生，我们可以自由支配。然而，许多认为自己有大把的时间可以挥霍，丝毫没有意识到时间在悄然流逝。繁忙的工作、沉重的压力和责任让生活变得杂乱无章，不利用好上班时间，你的职业前途就会堪忧。

陶渊明说："盛年不重来，一日难再晨。及时当勉励，岁月不待人。"在我们的一生中，时间是最容易流失的。我们无法阻止时间的流逝，但是我们可以管理时间，主宰自己的青春。只有当你充分利用时间的时候，你才知道时间久是最好的机遇。一个不珍惜时间，把大把时间浪费在吃喝玩乐上的人，他一辈子都不会遇到什么机遇，也不会有什么成就。

当你发出"上班时间很短的，电脑一开一关就过去了"的感慨时，要看看那些成功的人是如何利用上班时间获得成功的。巴尔扎克说："时间是人的财富、全部财富，正如时间是国家的财富一样，因为任何财富都是时间与行动化合之后的成果。"

巴尔扎克是怎样珍惜和利用时间的呢？让我们看看巴尔扎克一天普通的生活吧。

午夜，墙上的挂钟敲了 12 响，巴尔扎克准时从睡梦中醒来。他点起蜡烛，洗一把脸，开始了一天的工作。这是最宁静的时刻，既不会有人来打扰，也不会有债主来催账，正是他写作的黄金时间。

准备工作开始了，他把纸、笔、墨水都放在适当的位置上，这是为了不会在写作时有什么事情打断自己的思路。他又把一个小记事本放到写字台的左上角，上面记着章节的结构提纲。他再把为数极少的几本书整理一下，因为大多数书籍资料都早已装在他脑子里了。

巴尔扎克开始写作了。房间里只听见奋笔疾书的"沙沙"声。他很少停笔，有时累得手指麻木也不肯休息。他喝上一杯浓咖啡，振作一下精神，又继续写下去。

早晨 8 点钟了，巴尔扎克草草吃完早饭，洗个澡，紧接着就处理日常事务。印刷所的人来取墨迹未干的稿子，同时送来几天前的清样，巴尔扎克赶紧修改稿样。稿样上的空白被填满了密密的字，正面写不下就写到反面去，反面也挤不下了，就再加上一张白纸，直到他觉得对任何一个词都再也挑不出毛病时才住手。

修改稿样的工作一直进行到中午 12 点。整个下午的时间，他用来摘记备忘录和写信，在信上和朋友们探讨艺术上的问题。

吃过晚饭，他要对晚饭以前的一切略作总结，更重要的是，对第二天要写的章节进行细致缜密的推敲，这是他写作中一个非常重要的环节，一个必不可少的步骤。晚上 8 点，他放下了一切工作，按时睡下了。

这普通的一天，只是巴尔扎克几十年间写作生活的一个缩影。巴尔扎克曾经这样说过："我发誓要取得自由，不欠一页文债，不欠一文小钱。哪怕把我累死，我也要一鼓作气干到底。"

是什么机遇成就了一代文豪？没别的原因，只有珍惜生命里的有效时间。巴尔扎克珍惜生前每一分钟，因此，他的一生光彩照人。珍惜时间就是在为我们创造机遇，它能够使我们有限的生命结出更加丰硕的果实，实际上等于延长了我们的生命。

渴望得到机遇的人们，不要总想着自己还有长长的一生可以等待和挥霍，浪费一点也不要紧，你要知道浪费自己的时间就等于慢性自杀。世界上大凡能成就伟业者，都是珍惜时间、时刻制造机遇的人。

李嘉诚说："今天在竞争激烈的世界中，你付出多一点，便可赢得多一点。好像奥运会一样，如果跑短跑，虽然是跑第一的那个赢了，但比第二、第三的只胜出少许；只要快一点，便是赢。"

鉴于这种认识，李嘉诚总是惜时如金。他说："我每天不到清早6点就起床了，运动一个半小时，打高尔夫球，晚上睡觉前是铁定的看书时间，白天精神是很好的，精神来自兴趣，你对工作有兴趣就不会累，最累的时候是开会，一个发言者讲了第一分钟，你已经知道他要讲的内容，可是那个人讲了10分钟，你就会感到很疲倦，因为无聊和无奈，有时候我要带花旗参去提神，中午我是不睡午觉的，太倦了，会喝点咖啡。两年前我试过上网，但是上网太花费时间了，一上就是两个小时，以后就比较少上了，我现在用电脑主要是看公司的资料。"

这句口头禅也有励志的成分，成功的人对于时间是非常敏感的。他们深信时间就是机遇，只要你抓住时间，就等于抓住了机遇。你是否感觉到了时光正从你的生命里偷偷地流逝。在思考问题的一刹那，时间从我们的眼角、手指的间隙里无声地滑过，而在这一刻里，假如我们没有给世界任何付出，世界也没有给我们任何回报，这样的一段机遇就这样无情地抛弃了。

许多人都哀叹机遇对自己不公，但却无人指责时间。时间对任何人都是公平、无私的，每个人都能用自己的方式扮演自身所投入的角色，不管他的角色是多么的精彩或是多么的落魄，时间携带着机遇，它们轻轻流逝，便将一切可能一一抹杀，留下来的只是历史。历史不会重新来过，时光不会倒流，生命只有一次，机遇不可多得。时光催人老，即便年纪还小的人，如果只松松垮垮地过日子，中年的懊恼也很快就会降临他的身上。

抓住机遇、珍惜时间，要从当下做起。因为昨天已经过去，再惋惜也于事无补；明天尚未到来，与其坐待，不如奋起；而今天就在眼前，抓住了今天，既可以弥补昨天的不足，又可以提前迎接明天的朝阳。唯有珍惜好每一个"今天"，尽量压缩生活中每一分的"时间开支"；每当翻开日历的时候，要意识到不能让崭新的这一页成为空白，不能珍惜时间就是浪费机遇，就会比别人慢了半拍。

如果你想成就一番事业，一定要珍惜时间，因为时间是最大的机遇。很多人感觉自己比别人慢了半拍是机遇不佳，其实是在时间的登记上输给了别人，自然也就没法与人竞争了。无论一个人的年华还剩多少，也要等你认识到时间宝贵的那一天开始，才可以说是明智地驾驭了生命的开端。

口头禅妙用

1. **委婉批评**。宝贵的上班时间却没有创造出有价值的东西，这对上级来说是很恼火的，为了不影响士气，这句口头禅也会间接地对当事人提出批评。在不影响人际关系的前提下，有效提高管理效率。

2. **鼓舞士气**。为了扩展生命的宽度，有效利用上班时间就是最好的方法。管理者借助这句口头禅激励下属在有效的时间内将效益最大化，幽默的话语比严厉的说教更能让人信服。

前途无限光明，可为什么我找不到出口

身在职场看到别人有着光明的前途，自己却在原地踏步。想要改变思路寻求职场突破的人渴望找到发展的契机，创造财富要靠勤劳和智慧，大胆地去尝试，就能找到通往前途的出口。

职场中人看到别人前途无限，再反观自己，不是不努力但就是找不到光明的前途，这句"前途无限光明，可为什么我找不到出口"的口头禅就成为他们渴望改变现状的真实写照，可是有人从这句口头禅得到了改变，有人仅是说说而已。

即使一穷二白的职场人，也能靠智慧靠"借力"找到自己的前途。说起借力，有人马上就想到丢面子，还想到骗、诈，把它看成是毒蛇猛兽而群起攻之；想创富的人能靠借力成功吗？当然能。想要创富的人完全可以靠借力实现自己的梦想。

做生意是这样的，大家都要有利。你想赚，别人也想赚，但你把别人的利润全搞掉了，谁都不愿跟你合作。朋友也是这样，第一次吃了亏，可以让你一次；第二次可以，第三次别人就不会再理你了。做人要讲究诚信。

想找到前途的出口，就要讲利益平衡原则。就好比现在的银行都是商业性银行，都是为赚钱，都是在做生意，只不过银行是做钱赚钱的生意。只要有利可图，并且有安全感，他能不借你吗？你借得越多，他就赚得越多，他就越高兴。你有信誉，他也能赚到钱，他还会找你来借他的钱。

下面来看看，高手们是怎样找到自己前途的出口的。

在中国航运史上，有两位"船王"都是靠"借钱买船"发家的。一个是香港船王包玉刚。他开始创业的时候，就是向朋友借的钱。他借钱先买了一条破船，然后，用这条船去银行抵押贷款，贷来了款，再买第二条船。然后，再用第二条船作抵押，去买第三条船。他就是采取这种"抵押贷款"的办法，滚动发展起来的。

有一次，他竟两手空空，让著名的汇丰银行为他买来了一艘崭新的轮船。他是怎样操作的呢？我们来听听他的说法。他跑到银行，找到信贷部主任说："主任，我在日本订购了一艘新船，价格是100万美元，同时，我又在日本的一家货运公司签订了一份租船协议，每年租金是75万美元，我想请贵行支持一下，能不能给我贷款？"

信贷部主任说："你这个点子不错，但你要有担保。"他说："可以，我用信用状担保。"什么是信用状？就是"货运公司"从他银行开出的信用证明。很快，包玉刚到日本拿来了信用状，银行就同意了给他贷款。可见，他的船都没有造，银行就把钱给他了。我们会问：为什么银行会给他贷款？高明的人为我们分析了一下：

假如银行给他100万美元造这条船，每年就有75万美元的租金，不出两年，他就可以还清100万美元的贷款；银行肯定担心，怕他有钱不还，或有情况还不了钱。这没关系，因为银行这里有货运公司的"信用状"担保，这家公司很守信用，如他不给钱，银行可以找这家货运公司，安全不成问题。所以，银行就敢贷给他。这就是他的说法，这里就有他的信用。如果你借了，又还了，今后别人才敢跟你打交道。

再者，包玉刚赚到一笔钱，不是像有些小财主那样，存起来，这样发展太慢，而是拿他继续扩大规模。有规模才有效益，这样才能做大做强。他就是用这种"滚动式"的"抵押贷款"经营法，在大洋里越滚越大，成为世界航运之首。

包玉刚琢磨透了银行信贷及自己生意的周转模式，巧妙地利用现成的资源创造了自己的财富，他靠着自己的才智找到了自己前途的出口，让人不得不敬佩他的智慧和胆略。玩空手道的人首先要有清晰的认识，不能盲目地硬闯硬碰，创造财富要建立在对行业熟悉，对未来有准确的判断基础上，不然，拿不住的我们不要去学。

对于身在职场的人来说，没有资金并不可怕，没有经验不可怕，只要处处专心，事事留意，虚心学习，敢于拼搏，或许三五年，或许三五万，万事虽难终有出发点，亿万家财虽多终有开端，只要坚定不移地走下去，定会有成功的一天。

对于寻找自己前途的人而言，其阅历、经历及对潜规则的理解和应用，或许还处于相对欠缺的地步，为此，寻找相应的创业伙伴和合作伙伴，弥补自己的欠缺和不足，是一条明智之路。

"前途无限光明，可为什么我找不到出口"，努力实践才是职场人获得成功的捷径，想成功就要懂得借力。我们开始创业，名不见经传，没有名气怎么办？没关系，你可以借品牌之名、借名人之气，扬自己之美名。只要你抱着不服输的精神去做事，积极探寻职场里的晋升规律，就能用自己的勤奋和智慧为自己前途的光明铺平道路。

口头禅妙用

1. **自我解嘲**。别人都获得了更好的前途，而自己还稳步不动，这句口头禅巧妙地为自己解除了尴尬，用嘲笑的方法说明自己不是不成功，而是还没有找到发财的路径。在会心一笑中让对方与自己的心理距离更近。

2. **请教咨询**。向他人打听发财、晋升等奥秘时，直白的问询显得有些居心叵测，幽默的口头禅让人化解了对你的警惕、抵触心理，人们更愿意帮助你这位处于弱势地位的人找到恰当的前途出口。

状态是干出来的，而不是等出来的

在职场上要想让自己激发潜能，迸发出巨大能量，光靠等待时机是做不到的。那种处在积极状态，将正能量肆意迸发，全身心投入的状态是实干家干出来的，成绩也是干出来的。

身在职场，我们不能坐等机遇的到来，等待只能让青春岁月白白流逝，而努力去干、积极去干反而能让你找到自己的最佳状态，从而在事业上勇攀高峰，取得佳绩。当你兴致勃勃地工作，并努力使自己的老板和客户满意时，你所获得的利益就会增加。"状态是干出来的，而不是等出来的"，实干家爱说这句口头禅，他们的成功凭借的是热情，因此，在你的言行中加入热忱，这是一种神奇的要素，可以吸引具有影响力的人，同时也是成功的基石。

职场中有个幸福定律，那就是你不用去探求幸福是什么，也许当你勤奋工作的时候，幸福就悄悄地来了。投入的状态需要实干，实干需要热忱。从容的人会把工作的重压变成人生的闲适，会把学习的紧张变成轻松的享受，会把人生的负数变成进步的正数，会在单调的环境里发现生活的乐趣。经常说这句口头禅的人常常扎进一线、满怀热忱地去奋斗。

美国著名人寿保险推销员弗兰克·帕克，凭借着对工作的热忱创造了众多奇迹。

最初，帕克是一名职业棒球运动员，后来却被球队开除了，因为他动作无力，没有激情。球队经理对帕克说："你这样对职业没有热忱，不配做一名棒球职业运动员。无论你到哪里做任何事情，若不能打起精神来，你永远都不可能有出路。"这次惨痛的经历给了帕克沉重的打击，但他并未意志消沉。

朋友又给帕克介绍了一个新的球队。在工作的第一天，帕克做出了一个惊人的决定：他决定做美国最有激情的职业棒球运动员。从此以后，球场上的帕克就像装了马达一样，强力地击高球，把捕手的手臂都震麻了。

有一次，帕克像坦克一样高速冲入三垒，对方的三垒被帕克强大的气势给镇住了，竟然忘了去接球，帕克赢得了胜利。热忱给帕克带来了意想不到的结果，不仅将他出色的球技发挥得淋漓尽致，还感染了其他队员，整个球队变得激情四溢。最终，球队取得了前所未有的佳绩。

当地的报纸对帕克大加赞赏："那位新加入进来的球员，无疑是一个霹雳球手，全队的人受到他的影响都充满了活力，他们不但赢了，这场比赛也是该赛季最精彩的一场比赛。"

由于对工作和球队的热忱，帕克的薪水由刚入队的500美元提高到约4000美元。在以后的几年里，凭着这一股热情，帕克的薪水又增加了约50倍。

后来由于腿部受伤，帕克离开了心爱的棒球队，到一家著名的人寿保险公司当保险助理，但整整一年都没有业绩。帕克又迸发了像当年打棒球一样的工作热忱，很快就成了人寿保险界的推销明星。后来他一直从事这个职业，取得了非常优秀的成绩。

帕克在回顾他的职业生涯时深有感触地说："我从事推销30年了，见过许多人，由于对工作保持着热忱的态度，他们的收效成倍地增加；我也见过另一些人，由于缺乏热忱而走投无路。我深信热忱的态度是成功推销的最重要因素。"

成功人士帕克有效结合自己的热情去做事业，最终成就了一番事业。"状态是干出来的，而不是等出来的"这句口头禅一点不假。对某件事情有热情，并全身心地投入去做，你就会有很大的收获。很多人认为选择科目应该选"主流学科"，也就是选那些最容易找到工作的学科。如果你念这些主流学科念得非常快乐，也很得心应手，甚至充满热情，那为何不学呢？但假如大家想走的那条路，偏偏就不是你想走的，而你又有自己想走的方向，那就应该往自己热情所在的方向发展，而不是迁就主流学科而浪费自己的人生。

当然，有人认为"兴趣不能当饭吃"，只有"热忱"加上"努力"才可以。不管你的"热忱"所在是多么冷门，只要你有"热忱"，你就会努力成为这冷门中的顶尖；而任何一个领域的顶尖人才，是绝对不必为生活发愁的——这世界毕竟还是宽广到能够让你追求梦想，前提是你真的知道自己的梦想在何处。

喜欢这句口头禅的人必是热忱的人，他们的状态往往出自内心的兴奋。实际上一个热忱的人，等于是有神在他的内心里。热忱也就是内心里的光辉……一种火热的、精神的特质在一个人的内心。一个人真的充满了热忱，你就可以从他的眼神里看得出来，可以从他的步伐看得出来，还可以从他全身的活力看得出来。热忱可以改变一个人对他人、对工作以及对全世间的态度。热忱使得一个人更加热爱人生。

如何让自己变为实干家，满怀热忱地去做事？这句口头禅给我们的启示是，产生持久的方法是订出一个目标，努力工作去达到这个目标。而在达到这个目标之后，再订出一个目标，再努力去达成。这样做可以提供兴奋和挑战，如此就可以帮助一个人维持热忱于不坠。

热忱可以鞭策一个人从中奋起做事。要培养热忱，使你自己的热忱增加，就要做到以下两点：首先，强迫自己采取热忱的行动，你就会逐渐变得热忱。其次，深入发掘你的题目，研究它，学习它，和它生活在一起，尽量收集有关它的资料。这样做常会不知不觉中使你变得更为热忱。再次，在做一件工作前，先给自己来一段鼓舞的话，效果就像教练对球员讲话一样。

一个人如果知道自己身上蕴藏着怎样的力量，那会创造何等的奇迹啊！人也只有在这种情形下才能发挥出自己的最大能量。只有用真正的热忱、用有生命力的语言表达出来的思想，才可能点燃心中潜藏的烛光。

口头禅妙用

1. **辩明事理**。当一些人靠等待来迎接自己的高峰状态时，就有人运用这句口头禅来辨别是非，良好的工作状态等是等不来的，要靠真抓实干、全身心投入才能取得应有回报。

2. **激发斗志**。当有人萎靡不振、影响到士气的时候，管理者就能用这句豪迈的口头禅激发大家的斗志，鼓舞士气，该口头禅表明了立场，说明了事情的利害关系，唯有真抓实干才能取得很好的效果。

今天工作不努力，明天努力找工作

这句近乎残酷的口头禅向职场中人揭示了一个道理，那就是勤奋地对待工作可以让明天的你更加风光，懒散地对待工作可以让明天的你一无所成。明天怎么样，取决于你今天的表现。

勤奋的人喜欢这样的口头禅："今天工作不努力，明天努力找工作"，生活中那些取得非凡成就的人，多数都是以勤奋为基础而实现的。勤奋是一种美德，是你做人的准则，更是你通往成功之路的便捷通道。如果你是天才，勤奋则使你如虎添翼；如果你不是天才，勤奋也将使你赢得希望的一切。职场中，一个人的成功和勤奋是成正比的，你付出多少就会收获多少。只有经过日积月累的勤奋，你才会取得意想不到的收获。勤奋不是先天生就的，而是后天养成的，当你有了坚定的抱负和信念时，努力工作也就在必然之中。

"天道酬勤"说明了成功需要靠勤奋来争取，也同时告诉我们：生活对每个人都是公平的，它更偏爱于努力工作、勤奋敬业的人们，付出的努力一定会有所回报。也告诉了人们，机遇和灵感往往只光顾有准备的头脑，只垂青于孜孜以求的勤勉者。一分耕耘，一分收获，也即古今中外所称道的多劳多得。机遇是可遇而不可求的，有时是百倍的努力也达不到的，但勤奋是可以努力达到的。

这句口头禅同样为我们揭示了懒惰只能更早地终结你的职业生涯，但是生活里的大多数人并未从中受到启发，从而达到自己的职场幸福，他们在工作中依旧偷懒，依旧好逸恶劳。他们还会常常这样为自己开脱：时代不同了，勤奋不再是职场中或商战中的成功法宝了，不靠勤奋照样能取得成功。

果真是这样吗？绝对不是的！在当今竞争十分激烈的时代，要想在职场中获得成功，必须保持努力的工作态度。

请看下面一则总经理自述的故事。

偶然的一次机会，我站在一家商店出售皮鞋的柜台前，和服务于这家商店的一名年轻人聊天。他告诉我说，他在这家商店服务已经7年了，但由于这家公司的老板"目光短浅"，他的工作业绩并未得到赏识，他非常郁闷，但同时，他似乎对自己很有信心："像我这样一个学历不低、年轻有为的小伙子，还愁找不到一个体面而有前途的工作？！"

正说着，有位顾客走到他面前，要求看看袜子。这位年轻店员对这名顾客的请求不理不睬，仍在继续和我发牢骚，虽然这位顾客已经显出不耐烦的神情，但他还是不理。最后，等他把话说完了，才转身对那位顾客说："这儿不是袜子的专柜。"

那位顾客又问，袜子专柜在什么地方。这位年轻人回答说："你问总服务台好了，他会告诉你怎样找到袜子专柜。"

7年多来，这个内心抑郁的可怜的年轻人一直不知道自己为什么没有遇到"伯乐"，没有得到升迁和加薪的机会。

3个月后，当我再次光顾这家商店时，没有再看见那位满腹牢骚的小伙子。商店的另一名店员告诉我，上个月，公司人员调整时，他被解雇了。当时，他非常震惊，也非常激动和气愤……

又过了几个月，一次偶然的机会，我在一条繁华的商业街上，又碰见了那个小伙子，他心情有些沉重，一改往日的"意气风发"。他说，时下经济不景气，找了几个月都没有找到满意的……

说完后，他匆匆离去，说是要去参加一个面试，虽然工作性质与原来的没有什么不同，薪水也不比原来的高多少，但他还是很珍惜这个面试机会，一定不能迟到。

也许，如果他懂得珍惜原来的工作机会，努力工作，今天就不需要这样努力地去找工作了。

　　像上述案例中许多工作不顺利的人，他们普遍都充满了抱怨和痛苦。其实，他们自己所抱怨的并不是导致失业的最主要原因。与之相反，这种抱怨的行为刚好说明，他们倒霉的处境正是昔日自己没有努力工作所造成的。

　　工作给我们许多的好处，要实现自我并获取幸福就应该体味到它的价值：工作不仅能让我们赚到养家糊口的薪水，同时工作中的任务能磨炼我们的意志，拓展我们的才能。不努力工作，我们寒窗苦读得来的知识，就无法得到展示；不努力工作，我们长期培养的能力就无法得到提升；不努力工作，我们就难以品味工作中的乐趣、享受工作带来的荣誉；不努力工作，我们又怎能赢得他人的认可与社会的尊重。一旦失去工作这个舞台，生活将变得黯然失色，没有快乐和意义可言。可见，努力工作对于我们来说有多大的潜力！

　　"今天工作不努力，明天努力找工作"不是危言耸听。在工作中，只有坚持勤奋这种美德，才能有机会在自己的职场岗位上一展拳脚，才能在自己的本职工作中有所突破，才能让自己更上一个台阶。同样，你只有永远保持勤奋的工作状态，才会得到他人的称赞和认可，同时也会脱颖而出，并得到成功的机会。

　　努力来源于我们内心对成功、对幸福的渴望，对自己努力的肯定，是我们平凡的生活里不懈努力而能取得的成果，成功源于努力。

口头禅妙用

　　1. **职场激励**。这句口头禅在职场中各个场合如从领导的口中、办公室的标语上等常常都能听到看到，作为一种职场激励，管理者意在树立一种职业危机感，促使员工高效工作，提升个人和工作价值。

2. **职场规划**。人们在做职场规划的时候，常用这句口头禅警示自己，能在珍惜时间、提高效率、职业定位等方面起到很好的作用。职业规划不能缺少指路灯，这句口头禅正好就起到了指路灯的作用。

生活

酸甜苦辣咸，大锅口头烩箴言

生活就是一道用酸甜苦辣汇聚成的菜，每个人手里的这盘都有属于自己的味道。人生在世，本身就离不开那几种味道，也无非就是喜怒哀乐这几种心情。生活中充斥着惊喜也充斥着无奈，每个人都有属于自己的故事，有人愿意分享，有人却把它总结成了一句口头禅。的确，不同的人生中有不同的精彩，不同的人生中有不同的惆怅，放开各自的人生轨迹，品味这人生中的点滴余味，我们每个人的世界里都在为自己这辈子添加着各种各样的作料。没错，人生酸甜苦辣咸。

钱就像卫生纸，看着挺多用着用着就没了

当个人的经济状况好的时候，恐怕没有几个人会去关注省钱的问题。但是，一旦个人经济状况恶化，各种生活经济压力陡增。原来看着挺多的钱，就像是卫生纸一样，用着用着就没有了。因此，省钱就成了越来越多人关注的话题。

省钱是现实生存的需要，也是未来发展的需要。它反映了一种生活方式，更是一种生活态度。如若人们能够科学合理地对待的话，那么完全可以让自己的生活变得更加轻松。

实际上，通往财富的路大致有两条，其一是增加收入，其二是缩减支出。而现在现实中，许多人往往将精力过度地集中于挣钱上，误以为挣大钱、多挣钱才会成为有钱人。

然而，研究人员在对富翁发家过程的调查中发现，那些成为富翁的人，不一定都有很高的收入；相反，很多收入比他们高的人，最终却没有成为富翁。原因就在于那些收入高的人，由于没有合理地缩减相应的支出，虽然赚了很多钱，但是花销比赚取的钱还要多，甚至还不得不透支明天的收入，这自然积累不了财富，更成不了富翁。

有些人不是不会投资，只是他们把用来投资的钱都花掉了。想要自

己的钱多起来，就要多留些钱进行投资，以钱生钱，从而才能获得更多的财富。调查显示，大部分富人都有"量入为出"的习惯，他们会按当前的收入来安排开销，绝不会轻易透支自己的财富。

有的人拥有大笔的财富，坐吃山空，很快就成了穷光蛋。相反，一些企业家在企业破产后，能够奋发图强，反而能够东山再起。

所以说，赚钱多不一定就能让自己过上财力自由的生活，管理财富比获取财富更为重要。而管理财富的重要一点就是要懂得怎么节流。节流就意味着必须养成节俭的美德。通过日常的勤俭节俭，其实我们很有可能就省出了人生的第一桶金。

富有，并不是我们每月工资挣得多，而是每月还"剩下多少"，节余下来的才是真正属于自己的财富。因此，我们每月必须至少先存下一部分收入，然后再消费。英国小说家查尔斯·狄更斯在他的作品中曾写道："挣 20 英镑，花掉 19.96 英镑的人，留给他的是幸福；挣 20 英镑，花掉 20.06 英镑的人，留给他的是悲剧。"

越富越节俭，从这一点来说，我们更应向那些富翁学习。他们认为，"节约是赚自己的钱，如果你连自己的钱都赚不到，你怎么去赚别人的钱。""省钱也是赚钱，省下的就是赚到的。挣钱很辛苦，而且不受自己控制；但省钱却是自己能控制的另类赚钱方式。"

全球华人首富李嘉诚拥有亿万财富。但是，他只佩戴一块价值几十美元的手表；他会把普通的白衬衫和蓝西服作为日常的穿着；他会为了一枚将滚入水沟的硬币，而弯腰去捡；他会与人分吃餐桌上剩下的两片西红柿……

　　王永庆是台湾著名的台塑集团董事长。他在宴请宾客时极为低调，餐食中没有名贵菜肴，大多是春卷、油饼等一些传统小吃。他居家崇尚节俭，甚至连日常用品，都不允许有半点的浪费。

　　作为日本房产界的大富翁，吉本清彦也是一位节俭之人，在就餐时，他总是会将餐桌上的剩菜打包回家。

　　"股神"巴菲特是一位地道的节俭高手，他的钱包用了20年。某次，华盛顿邮报的发行人向巴菲特借了10美分打电话，没想到的是巴菲特居然拿着25美分的硬币到处去兑换。巴菲特的衣食住行十分节俭，现在依然居住在20世纪50年代买的旧房子里，所穿的西服和开的车子也是旧的。

　　比尔·盖茨是富可敌国的商界领袖了，而他也会在乎节省每一分钱。有一次去参加一个聚会，由于晚到一步，停车场没有了停车位。其他人建议盖茨把车停到旁边的贵族停车场（以分钟为单位计费）。然而，盖茨觉得费用太贵了，坚决不同意，最终还是把车开到更远处的车位。

　　俄罗斯巨富米哈伊尔·普罗霍罗夫虽然拥有143亿美元的财富，同样也很节俭。曾有记者问他："你的家是怎样的？公寓还是别墅？"米哈伊尔·普罗霍罗夫回答道："那是一个很小的套房，有超过30年、大概35年的时间里我都住在45平方米的房子里，那真的是很小的。"

　　在美国，一些女性富豪们更是会节俭过日子。一般情况下，她们的生活水准都低于她们的收入水平。她们对贵重的东西也没有太强烈的渴求。通过调查，人们发现有一半的女富豪从不买价格在139美元以上的鞋，或是超过399美元的套装；58％的女性富豪会使用剪下来的优惠券购买生活日用品，甚至许多女富豪曾经补过鞋。

通过以上这些事例，我们会得到一个启示，那就是财富是在节制中成就的。超级富豪们如此，我们普通人就更应该抛弃攀比的恶习，拥有崇尚节俭的美德。

无论什么时候，我们都不能抛弃节俭的美德。崇尚节俭，并不是不爱生活，而是以更理性的态度去管理自己的生活，以理性务实的态度面对积累自己的财富。当人们真正理解节俭的价值和意义后，就会理性地节省每一分钱，从而让自己的生活变得有品位、有内涵、有气度、有财富，最终攀上人生的财富之巅。

口头禅妙用

1. **要省钱就必须有计划地花钱。**世上无论做什么事情，没有计划都是可怕的，因为那就意味着混乱以及无序，资源得不到高效合理的配置。对于个人或家庭而言，也必须有计划地花钱。例如，个人或者家庭可以采取记账的方式来明确具体收支，然后对账本进行总结归纳，分出必要消费和非必要消费，同时以账本为基础编制具体的预算。如此，花钱的话就会有计划了。

2. **要省钱就必须有目的地花钱。**花钱消费其实就是一种交易转换。这就说明花钱必然是有一定目的性的，而目的是否合理就是花钱的关键之所在。例如，每个月根据情况去超市采购生活用品，这就是为了生活需要；每个月准时还房贷，这就是为了满足居住的需要。这些花钱的目的明确并且合理。每一笔钱花出去都有一个目的，要想省钱的话就应该确保钱花在合理的目的上并且以适度的方式消费，这样才会提高花钱的效率。

不会玩生活，就等着被生活玩吧

在现在这个快速发展的社会里，很多人身体健康，家庭美满，有份不错的工作，但是却活得非常不开心，非常疲惫。有的人总拿自己的弱项与他人的强项相比；有的人总是苛求自己；还有的人只知道追求物质享乐，声色犬马，挥霍无度，凡此种种，不一而足。人们在这样的生活中疲于应付，却始终探寻不到其中的真谛。

不会玩生活，就等着被生活玩儿吧。这不是危言耸听，而是活生生的现实世界。在如今这个越来越喧嚣的现实世界里，人们逐渐地背离了生活的本质。我们变得提不起，放不下；只爱享受，不愿付出；爱慕虚荣，贪得无厌。有人为了拥有财富而不择手段，有人为了追求权势而趋炎附势，但损失的却是许多美好与真诚。

事实上，每个人都是富有的，拥有身体、健康与生命；拥有阳光、空气和水，拥有大自然；拥有学到的知识与智慧，思想与观念；拥有爱情、家庭以及事业；拥有多彩的生活。而这些就足够了。

所以，我们应该好好地享受人生，享受清凉与炎热，温暖与寒冷；

享受四季，享受时间和空间的变换；享受休闲、平和和宁静，也要享受忙碌与烦躁；享受青春与活力、衰老与蹒跚；享受缘起时的相爱和欢聚，也享受缘尽时的失落和别离；享受酸甜苦辣、悲欢离合、顺境与逆境；享受富有和贫穷……

据说，佛曾问座下弟子：世间何为最珍贵？弟子答道：已失去和未得到。佛不语。几年以后，弟子历经沧桑，渐有所悟。佛再问之，答道：世间最珍贵的，莫过于正拥有。

事实上，只有"正拥有"的才是一个人能够把握、可以支配的。假如不能看到并享用"正拥有"，那么，有再多的物质条件，生活也是难以过好的。

生活本来就是如此，我们完全有理由让自己掌控自己的节奏，掌控自己的生活，让自己变得快乐起来。生活不如意的原因往往不在于别人而在于我们自己，只要我们有享受痛苦、迎击逆境的勇气，就能随时迎接那扑面而来的负能量，因此要学着去品位痛苦，享受挫折，感知幸福。或许有一天早上醒来，你会发觉自己已经从糟糕的生活中走了出来，就如同习惯喝咖啡后，爱上了那舌尖留下的几丝甘甜。

有个信徒问上帝：天堂到底在哪里？

上帝说：就在这里。

信徒不解：这里？我为什么感受不到？

上帝说：如若你心中有天堂，那么无处不是天堂；如若你心中没有天堂，就算你已经置身于天堂其境，也只是视而不见罢了。

实际上，享受自己的生活，就是一种感知，生活中的春华秋实、云卷云舒都值得我们去细细体味，一缕阳光、一语问候、一丝秋意，都是个人生活里令人陶醉的点滴瞬间。

享受生活，需要有一种心境。平静地坐看时光流逝，细数人世沉浮，不去攫取权势、金钱、物质和名利，用一颗平淡无华的心，去领悟生活中的真善美。

生活，有苦，也必有甜。享受生活，就要坦然地面对苦难，淡淡地经历喜悦，用平和的心态真诚地面对这个纷繁复杂的世界，享受生活的百态，如此方能幸福快乐地生活着。

有哲人曾说："让你幸福，是你第一位的责任。"其实，我们可以这样说：学会生活，就是自己无可推卸的责任。

口头禅妙用

1. **学会生活**。人们要在多方面成长，改善自己的心理状态。面对生活中的诸多不如意时，我们需要知道自己拥有什么，而不能总是只看到失去了什么或者还有什么没有得到。

2. **适时地消费**。生到世上，我们除了受些苦，也拥有享受生活的甘甜的权利，如此才能让人们切实地体验到生活的真实，否则，即便是坐拥万贯家财，对自己的生活又有何益？

3. **感恩生活**。当我们早晨醒来的时候，就已经比上百万昨晚没能再度醒来的人幸运多了；当一个人健健康康地赶着去上班的时候，他比因病躺倒的人要幸运；当一个人不用担心战争、动乱的时候，他要比难民幸运。能够感恩，就使人们具备了创造与维持主观幸福感的能力，使人可以在任何情况下都对生活感到满意，感觉生活有目标、有意义，能够满意自己的状况，也就具备了好好生活的能力。

4. **在精神上要有所追求。**一味地追求拥有更多的物质财富或者享受更多的物质待遇，就可能永远没有满足的时候。正如古人所言：终日奔波只为饥，方才一饱便思衣。衣食两般皆俱足，又想娇容美貌妻。娶得美妻生下子，恨无田地少根基。买得田园多广阔，出入无船少马骑……假如人们的精神没有富足，心灵得不到成长，也不可能理智地对待生活，也就难以得到真正幸福的生活。

你不理财，财不理你

曾几何时，人们的意识中根本就没有理财的概念。但是，随着社会经济的快速发展，个人财富的增加，合理规划财产也成为人们必须面对的课题。理财不是简单意义上的"生财增值"，它的根本目的是合理分配资产和收入，最终达到财务自由、提升个人生活品质的境界。

俗话说得好，你不理财，财不理你。这是非常有道理的。生活在现在这样一个节奏快速、消费方式多样的社会之中，人们需要大量的开支来满足自身以及外界的需求，简单来说就是不为钱而发愁。而想要不为钱发愁，我们就必须学会让钱生钱，也就是人们常说的理财。管理好自身的财富，我们才能够让自己的生活变得更有味道。

有这样一个故事。

有个富翁要去外地办事，临行前叫来所有仆人。他按照"个人才干"给了他们银子：一个人五千两，一个人两千两，一个人一千两。拿到五千两银子的仆人用这笔钱去做买卖，赚到了五千两；领两千的仆人，同样去做买卖，也赚了两千两；而领一千两的仆人则将那笔银子埋藏在了地底下。

半年之后，富翁办完事回来和大家算账。领五千两、两千两的仆人，由于替主人赚取了财富，所以受到主人的重用。而那领一千两的仆人则受到了主人的严厉责骂，而且他的一千两银子也被夺回，给了挣得财富最多的那个仆人。

这个故事其实讲明了一个理财的道理，即投资第一，储蓄第二。实际上，上面的五千两、两千两、一千两分别代表了不同的理财方式。对于我们来说，把银子埋在地里的那种方式显然是非常不明智的理财行为。

还有一个故事。

某人把金子埋在了自家的院子里，每隔一段时间就挖出来陶醉一番。后来，他的金子被贼偷走了，这个人痛不欲生。

左邻右舍都来安慰他，当他们知道了事情的经过之后，疑惑地问道："难道你就从来没花过这些钱吗？"

“没有！我每次都只是看看而已。”

于是，大家就告诉他：“对你来说，这些钱有和没有都是一样，根本没有区别。”

由这个故事，我们就会发现一个道理：财富若闲置不用，就相当于零。与过度消费一样，过度储蓄也是一种应该被摒弃的理财方式。

在一些东方国家，人们极其注重节俭，存钱的意识明显强于赚钱的意识。而在欧美国家，人们更多的是将钱用来投资，而不是储蓄。

比尔是美国一家大型跨国公司的工程师。从 26 岁时开始，比尔就将每月薪水中的 20% 投资于共同基金。这类基金的风险虽然大一些，然而年收益却很可观。

到了 35 岁的时候，他与别人合伙开办了一个连锁店，收益非常好。到了 40 多岁时，比尔便开始求稳，将投资于共同基金的钱取出来投资于一种非管理型股本指数基金，年收益率能达到 10% 左右。他只将自己 10% 的积蓄用于银行储蓄，这是因为美国银行的利率长期在 3% 至 6%，相对于其他投资手段，银行储蓄的收益太低了。

比尔 49 岁时，计划 60 岁退休。他已经准备开始将收入的 20% 用于退休金准备，这样，加上他过去投资赚的钱，足可以让自己的后半辈子衣食无忧了。

在当今这样一个资本运作占主导的社会中，我们必须要养成良好的理财习惯，并事前做好完善的理财计划，将自己的每一分钱都通过周密的运作发挥其最大的作用。今天我们节约下来并明智地投资每一块钱，将来都有可能给自己带来极大的回报。

要知道今日的积蓄可能就是明日创业的启动资金，所以要善待自己的财富，至少在年轻时就应该逐步学会理财的方法，培养一个良好的理财习惯。

口头禅妙用

1. **理财的"麦穗哲理"**。古希腊哲学导师苏格拉底的三个弟子曾经向老师请教，如何才能找到自己理想的伴侣。苏格拉底没有回答，直接带弟子来到一片麦田，让他们走过麦田时，每人选摘一枝最大的麦穗，不能走回头路，且只能摘一枝。其中第一个弟子刚走几步便摘了一枝较大的麦穗，但发现后面还有更大的；第二个弟子一直是边走边看，东挑西拣，一直到了终点才发觉前面几枝最大的麦穗已经被自己错过了。而第三个弟子吸取了他们两个的教训，当他走到三分之一时，就分出大、中、小三类麦穗，再走三分之一时验证是否正确，等到最后三分之一时，他最终摘到了一枝饱满的大麦穗。

2. **不筑债台**。在国外提前消费概念的诱导下，现在很多人很难把持自己，结果是提前消费，欠下巨额的债务，他们不仅要支付高额的利息，而且还会背上沉重的包袱。调查显示在美国，百万富翁中70%的人全无债务，因为他们认为每支付1美元的利息，可用来投资的钱就少了1美元，所以他们所买的东西一定是他们负担得起且财力上仍绰绰有余的。同时也要慎重对待名牌，名牌产品固然吸引人，但要付出的代价并不小。当年轻时，人们应该把主要的财富用在投资上。

3. 根据年龄进行投资。 有一个"100减去目前年龄"的经验公式：假如你现在是60岁，至少应将资金的40%投资在股票市场、股票基金或其他投资种类；假如你现年是30岁，那么至少要将70%的资金投资。原因就在于在20到30岁时，由于距离退休的日子还很远，自身的风险承受能力是最强的，可以采用积极成长型的投资模式。尽管这时期由于准备结婚、买房、置办耐用生活必需品，想要投资并不容易，但仍需要尽可能投资。按照"100减去目前年龄"公式，你可以将70%至80%的资金投入各种投资渠道。

老鼠嘲笑猫的时候，身旁必有一个洞

人们总是乐于嘲笑别人的生活却往往忽视了自己的渺小和缺点，很多时候我们看到一些强大的人或事总是会抱着一种羡慕嫉妒恨的心态，然后吃不到葡萄说葡萄酸，但往往我们所嘲笑的就是我们自己所没有的或者所不擅长的，我们应该摆正自己的心态，看到自己的缺点，然后尽量避免它。

老鼠天生就害怕猫，天生就是猫的食物，这就是老鼠与生俱来的缺陷，老鼠心里觉得凭什么都是动物而老鼠就应该被猫拿来当做食物，于是老鼠就开始心理不平衡了，它就开始嘲笑猫的一切，但是老鼠没有想到的是，它越嘲笑猫，猫就越想把它吃掉。

其实这样的事不只是发生在猫和老鼠的身上，在人当中也经常会出现。生活当中总是有一些自己不行还喜欢在一边说风凉话的人。我们会讨厌这种人，但是我们不应该把他们的话往心里去，我们可以听一听这些人的话，然后激励自己让自己变得更加优秀，知道那些人连忌妒的成分都不存在，只剩下羡慕了，这个时候我们就成功了。

我们不应该做那种只会说风凉话的人，我们应该看到自己的缺点，如果实在改不了的话，我们就应该学会避免它，不让它成为妨碍我们的绊脚石，如果我们可以改正的话，我们可以向那些优秀的人学习，学习他们是怎么做的，看看他们是怎么让自己变得优秀的，看看他们都是怎么思考怎么努力的，然后我们也试着去改正这些缺点，有可能的话，我们可以让它们慢慢地由缺点转变成我们的优点，让自己变得更优秀。

其实观察那些真正优秀的人，都是喜欢做胜过说的人，他们很少说话，很少对别人的生活指手画脚，他们喜欢在自己的工作上下全力，尽量使自己做得更好，使自己进步得更多，使自己变得更加优秀。可能你现在看不到那些优秀的人有什么太多太明显的缺点，他们之前肯定也是有很多的缺点和很多懵懂的地方，但是他们会观察别人，会学习别人好的地方，然后尽量改正自己不好的地方，然后缺点就慢慢地消失了。很多东西都是靠后天的努力形成的，那些光说不做的人，最后只能看着优秀的人慢慢变得优秀而自己还在原地踏步。在现代这个优胜劣汰的社会，只有优秀的人才能被重用，那些只会说话而不做实事的人，最后只会被这个残酷的社会淘汰。

其实说起来容易做起来难，很多时候我们很难克服自己心里的感觉，我们只要增加自己心里的承受能力，增加自己对改正缺点的向往，增加自己变得优秀的向往，我们就可以在内心变得更加强大。然后慢慢地去克服缺点，不管那些人在说什么，只顾走自己的路，让他们说去吧！就像一句很有名的话说得，每次玩愤怒的小鸟，每一次的失败总是有几头猪在笑。但是当我们成功地达到它们的时候，它们就再也笑不出来了。真实的世界也是这样，只要忍受一小段时间的嘲笑和寂寞，只要坚持去尝试，总会成功的，总可以让那些嘲笑你的人羡慕你。

　　生活并不困难，只是我们勇于去面对它，勇于去实践自己的每一个想法，并且不顾旁人的眼光，坚持自己，做实践中的巨人，总有一天我们可以笑着对那些嘲笑我们的人说："我赢了！"其实生活并不像我们想象得那么复杂，只是我们需要坚持自己内心的想法，并且一直坚持去做，总会成功的。

　　相信很多人都看过《阿甘正传》这部电影，阿甘是个身体残疾并且智商低下的人，但是阿甘喜欢跑步，于是他就一直跑步，最后先天不好的腿也变好了，并且还跑进了一所非常好的大学。又因为坚持跑步，他在大学里被选进球队，最终替球队赢得了荣誉，并且还获得了很多总统级人物的接见。

　　之后他被选取当兵，因为他会跑，于是他在战争当中跑步进进出出战场，救下了很多伤亡的战友，并且还答应他最好的朋友去做一个捕虾船的船长，当时一个被他救下的连长说你要是可以当船长，我就去给你做副手。之后阿甘真的坚持了这个想法，毅然决然地去捕虾，最后成为一个捕虾公司的董事长。

阿甘喜欢跑步，于是有一天他坚持跑步，他想既然都跑了这么远为什么不再跑远一点呢，于是他跑步穿越了很多地方，于是很多人开始以他为偶像，追逐他一起跑，阿甘也因此成了一个知名人物。

阿甘在小时候喜欢一个女生，就再也没有忘记过她，可能别人都觉得阿甘这种愚人，怎么可以娶到那么漂亮的女生呢。阿甘一直没有忘记那个女生，一直对那个女生好，最终用真心打动了那个女生。

其实阿甘的人生是成功的，这种成功是不知不觉的，但是又是必然的，为什么呢？因为他虽然脑袋不灵光，但是他知道自己有一件事情要做，他就一定要做，因为这种傻劲，就不知道罢休，就只知道前进，只知道随自己心里的想法去行事，最后做了自己想做的事情，过上了很幸福的生活。

我们如果像阿甘一样，把这个世界看得不那么复杂，我们是不是也可以活得像阿甘那样，只做自己想做的事情，并且为之努力，用真心去对待自己做的每一件事情，我们是不是也可以活得像阿甘一样踏实而幸福。

做生活中的实干家，少去嘲讽那些有梦想的，说不定哪一天，他们就可以把你踩在脚下。想要做这句话中的"猫"，就不要把自己变成"老鼠"，不要去嘲笑别人，不要整天想着怎么说话是好的，是好玩的，只有自己去做了，我们才会变强大。

口头禅妙用

1. **以物喻人**。生活中总是有一些人在你奋斗的时候嘲笑你，他们可能自己并没有什么能力，但就是喜欢在嘴皮上耍小聪明，我们就可以用这句话告诉他们，生活需要的是实干而不是说话，只有实干的人才能赢到最后。生活中的成功是留给那些多做少说的人的。

2. **警示自己**。有的时候自己可能没有动力了，在奋斗的路上觉得寂寞了，想要得到一些快感，我们可以在心里对自己说这句话，告诉自己只有坚持不懈的努力才有可能实现自己的价值。在心里对自己说了这句话之后，我们可以获得更大的动力去努力。

做对的事情比把事情做对重要

很多时候我们总是希望能够把事情做得尽善尽美，希望自己做的事情可以是漂漂亮亮的，我们也总是希望自己不会让别人失望。但是我们却忽略了我们做这件事情是不是有价值，是不是正确的，我们总是倾向于满足他人的想法，而我们总是忘了听听我们自己内心的声音，自己是不是真的能从这件事情中得到满足。其实，听听自己的声音做自己认为对的事情比把每件事情都做到完美要重要得多。

生活中我们需要完成别人布置的很多任务，他们会告诉你，我希望看到的结果是什么样的，我希望得到什么样的数据什么样的格式什么样的结论，我们必须按照他们的要求把这些事情一件一件地完成得很完美，我们有的时候可以从这些事情中得到一点点小小的满足感和充实感，但是我们内心真的想要这样吗？我们的内心是不是也想做一些自己认为正确自己认为更重要的事情呢？

实际上，我们完全可以遵从自己的想法去做一些对的事情，也许你会说我没有时间，但是只要是自己真正喜欢的事情，就算再忙也会挤出时间来，除非你不够喜欢；也许你会说我还有我自己的工作，但是如果你一直待在自己不喜欢的工作岗位上，换一个自己喜欢的工作，既在做对的事情，又把事情做对，何乐而不为呢？

很多人总是不屑于改变自己的生活方式，改变自己现在安稳的一切，不喜欢改变，他们总觉得现在过得虽然不是很好，但是也没有特别不好，这样就可以了。但是生活总是在变化的，我们不能以为自己不想改变这个世界就不会改变了，我们总是在自己不变的世界做不变的事情，很多人就是这样而变得世俗变得平凡，其实我们何不改变一下，做一做自己想做的，自己认为是对的事情，改变一下，或许可以得到自己想要的更加美好而幸福的生活。

其实很多看上去很不合常理的改变经常是超乎寻常的经验。很多人为了做自己认为是对的事情而放弃了把其他事情都做得很好的机会。

乔布斯从小就很喜欢电子学，可以说达到了迷恋的程度。乔布斯从小就很聪明，因此他的成绩很好。但是因为一些原因，他只上了半个学期的大学就退学了。退学之后乔布斯开始参加一些跟电子类有关的工作。

安定下来之后，乔布斯还是喜欢电子学，他经常在自己家里的小仓库里面组装自己的电脑，他总是希望能够拥有自己的电子计算机，但是当时市面上卖的计算机都很贵并且体积庞大。他和沃兹尼亚克就准备自己开发一台。两个人开始了自己的创作，他们只用了几个星期，就把这些都装好了。他们万万没有想到，自己做的这个东西会给世界带来那么大改变。他们决定成立一家电脑公司，也就是我们现在知道的苹果公司。

乔布斯改变了整个电子界，他创造出来的苹果系列，现在已经在世界各地都能看得到，乔布斯把苹果变得伟大，而乔布斯自己也成就了自己的伟大！

乔布斯并没有把那些让别人觉得满意的事情做好，他只是默默地在做着自己喜欢做的事情，他只是在做着自己认为是对的事情，坚持自己的梦想，忠于自己的爱好。我们在人生中，应该分辨哪些是对的，哪些是自己想做的，千万不要因为别人认为那个是对的，我们就尽力去做好它，那样可能会在别人心里留下好印象，但是我们却辜负了自己的心，跟着自己的心走，我们才可能全神贯注于我们在做的事情。

生活中很多时候我们需要判断，需要选择，自己应该做什么，自己喜欢做什么。我们是选择坚持自己的心，还是选择跟着别人走，这就看我们自己了。生活给了我们选择的机会，我们就需要学会把握它。希望每个人在人生的路上都可以选择自己喜欢并且愿意为之付出一切的事情。这样我们才不会被其他的事情所打扰，专心做对的事情，比做对每件事情重要得多。

口头禅妙用

1. **借以明志**。当别人觉得你在做一件愚蠢的事情而这件事情是你喜欢的，你可以这样告诉他，每个人都有自己的选择，并不是把所有别人认为好的事情做好就是好的，其实把自己认为是对的事情做好才更有价值。忠于自己的内心比什么都重要。

2. **讽刺小人**。有些小人总是喜欢在你旁边说风凉话，他们自己并没有做出什么大作为，还喜欢在别人耳边刺激嘲笑。你可以这样告诉他们，每个人都有自己喜欢的事情，如果我们可以为了这件喜欢的事情一直坚持下去，总有一天我们会得到自己想要的东西并且活得很有价值。

亲情
亲情是爱的艺术，说话要经典技术

常常听一些年轻人这样评价自己的爸妈，小时候是神叨叨，长大了是叨叨神，真不晓得他们一天到晚怎么有那么多话给自己准备着，莫非这就是亲情？确实，由于父母与我们所处的时代不同，他们的思想理念与我们当下的年轻人必然是有一些出入的。尽管如此，却并不能影响我们彼此之间亲情的和睦关系。事实上，亲情是一门爱的艺术，只要说好，做好，当下的一切难题都将不再是难题。

单身并不难，难的是应付那些总想让你结束单身的人

仔细观察我们的周边，总是有一些人，像看破红尘一样不想谈恋爱不想过家庭生活。他们觉得单身是一种幸福，单身有单身的好处。但是往往家里都会有人催着他们去交男女朋友，家里人都觉得年纪都这么大了，也该找个对象成家立业了。因此，单身并不难，难的是那些总是想让我们结束单身的家人们。

我们身边有很多明明很优秀却一直保持单身的人，他们有的是不想谈恋爱，觉得谈恋爱浪费时间浪费精力，他们宁愿用一些别的事情来填补生活中的闲暇时间，还有的人，觉得自己现在太忙了，根本抽不出时间来谈恋爱，还有的人，他们可能有时间，也愿意在谈恋爱这件事情上花费一些精力，但是他们就是没有找到适合自己的那个人。其实单身习惯了也是一样的，但是我们总是可以听到他们常挂在嘴边的话："哎呀，我妈又催我找对象了……"他们自己可能并不是很急，但是家长却着急了，生怕自己的孩子嫁不出去或者娶不到媳妇。

其实家长的心态是可以理解的，一般来说，二三十岁的人确实应该成家了。很多家长开始给孩子物色合适的对象，他们经常会采取相亲这种传统而有效的方式，很多孩子就这样被父母逼迫着去相亲。单身男女

们每天都需要应对父母的唠叨，还要去赴父母给自己设的各种各样相亲的局。其实应付这些可能比保持单身更痛苦。

家长总是为孩子着想的，他们希望看到自己的孩子走进美满的婚姻殿堂，家长总是希望自己的孩子是最幸福最优秀的，但是当他们看到跟自己孩子差不多大的人都开始有了自己的家庭，有的甚至都有了自己的小孩，他们就开始羡慕了，希望自己的孩子能赶紧找到自己心仪的对象，然后赶紧结婚生子。

来自家长们的压力可能比来自单身的压力要大得多。我们自己不着急，但又不能告诉父母自己目前觉得单身挺好的，不能告诉他们目前还不想结婚。我们不想看到他们伤心失望的脸，我们只能顺应着他们的想法，去相亲，去试着找对象，去为了脱单而努力，但是也许我们真的是缘分还没有到，因此我们总是觉得很累，但是我们只能默默地把这种累放在心里。其实生活就是这样，单身不难，难的是应付那些想让你结束单身的人。

口头禅妙用

1. **委婉表达**。有的时候我们不好意思跟父母开口说自己不想相亲，不想谈恋爱，我们就可以用这句话告诉他们，其实单身不困难，也不可耻，单身也是生活的一种态度，我们大可不必为了脱单而进行各式各样的相亲，这样不仅把自己搞得很累还没有什么太大的效果。

2. **自我嘲笑**。有的时候朋友会问我们为什么还单着呢，我们只能笑一笑然后告诉他们，这样的我们其实是很累的，在亲人那里我们总是很难交代，一方面自己可能不想谈恋爱，一方面又要忍受来自父母的压力，其实单身的人不是因为单身累，而是因为家长的压力而觉得累。

我的妻啊，2012 后咱能跨越飞醋时代吗

很多女性在结婚以后都会对另一半对自己的忠诚度产生怀疑。有的时候，女方需要给男方留下一点点私人空间，对爱情的保鲜非常有效果。

结婚后，女方可能总是疑神疑鬼，怀疑丈夫干了这个干了那个，每天拿着丈夫的手机翻来翻去，不是看短信就是看照片，完全不留给丈夫一点个人隐私。于是很多男人在婚姻中为老婆经常性的吃醋所困惑。

其实女性对另一半吃醋的原因有很多。首先，最大的可能是女性对自己的婚姻不够信任。比如说，自己的老公在公司里多跟一位女同事聊了几句工作上的事情，刚好被她看到了，她就开始想，是不是老公对这个女的有意思，还是这个女的在勾引自己的老公。其实这是对自己婚姻的不信任。

还有一种原因，是因为对丈夫的不信任。女性总觉得婚姻是由两方组成的，可能因为一些小细节让女性觉得对方并不像自己所认为的那么爱她，所以就开始对丈夫所有的事情都看不顺眼，就开始疑神疑鬼的，女性就开始严重地怀疑丈夫，导致了丈夫对妻子在吃醋方面的不满。

最后一种原因，是因为妻子没来由地觉得丈夫可能会出轨或者是找小三，大部分丈夫在生活中对家庭是非常负责任的，但是有的女性天生就是爱猜忌，他们就是觉得丈夫不靠谱，不值得信任了，导致丈夫在家庭生活中非常有压力，不仅要忙于工作上的事情，还要在家里忍受妻子的猜疑，这样的生活是非常痛苦的。

你既然要和对方结婚，就说明你和对方有足够的感情基础，有足够的信任，你对这一段婚姻也有足够的信心。那么基于这个，女性朋友们为什么要在婚后疑神疑鬼的呢？其实婚姻是这样的，你对对方好，对方也会对你好，当这种互相喜欢互相帮助互相扶持变成了一种习惯之后，爱情就会变得长长久久，真的不需要一点点猜忌。爱情中最忌讳的就是无中生有，我们既然选择了他，就要相信他，相信他可以对自己负责，相信他可以给我们带来幸福的生活。这是毋庸置疑的。

真正聪明的女人会在婚姻生活中给丈夫留下一点点私人空间，虽然说爱情中双方的沟通是非常重要的，但是每个人都会有秘密，你非得把这些事情都抖搂出来，不仅自己没有得到好处，还伤害了爱人的心，这样何必呢？一个聪明的女人，要学会掌握对方的心理，他们在想什么，他们需要什么，我们能做的就是在对方伤心的时候安慰他，在对方难过的时候陪着他，在对方需要你的时候在他身边支持他，这就是婚姻中真正懂事的女人应该做的。选择一个对的人不容易，但是选择到了对的人要怎么维持婚姻，也是一门深奥的学问。

很多男人都在抱怨自己的妻子逼得太紧了，没有一点喘息的空间，女性朋友看了，都应该想想，如果自己的另一半也在这样抱怨自己，我们心里是不是会很难受，既然双方都觉得难受，何不在最开始的时候，女性朋友们就不那么咄咄逼人，学会适当地给对方空间，让对方有自己的小隐私。婚姻有的时候就是因为这些隐私而变得更加有情趣的。

口头禅妙用

1. **抱怨**。其实很多男人都有这样的困扰，妻子在家里总是疑神疑鬼的，觉得自己在外面干了什么对不起她们的事情，又不好跟她们吵架，因为婚姻总是有一方需要退让的，既然妻子这样，自己也就只能向亲近的朋友抱怨抱怨来缓解一下压力，有的时候男人就会这样调侃地说，自己的妻子需要跨越飞醋时代。

2. **阐述道理**。有的时候丈夫不想跟妻子吵架，于是他就会选择跟妻子讲道理，既然双方选择了在一起，选择了携手走进婚姻的殿堂，就应该互相信任，互相理解，而不是整天你不相信我我不相信你，尤其是吃醋这件事情让男性觉得很有压力，他可以通过这种幽默的方式告诉妻子，自己是爱她的，自己想要跟她在一起，也请妻子改掉之前怀疑的毛病，过上幸福的生活。

好在家中没宠物，要不我的排名还要靠后些

很多男性在家庭生活中失去了原有的地位，变成了"妻管严"。其实这种越来越常见的现象让我们看到现代社会女性越来越受尊重，男性对女性的呵护也越来越多。男性在婚姻中也慢慢地由主导地位转化成对妻子无限宠爱的地位。

现代生活中，我们经常可以听到"妻管严"或者"耙耳朵"之类的词汇，这些词语越来越高频率地出现在我们的生活中，这些词都代表了一个意思，就是怕老婆。越来越多的男人在婚姻生活中扮演着听

话者的角色，这种现象被很多人所不解，一个男人怎么能够那么畏惧一个女人。

有的人认为现在的女人越来越强势了，自从女性的权力越来越受到尊重以来，很多女性就意识到，女性也可以像男性那样做很多事情，而在权力方面，也不应该由男人来控制，女性也可以在面对男性的时候占优势，于是就出现了女强人。女强人不仅在事业中非常强势，在生活中也是一样。她们在婚姻生活中也希望自己比男性好，她们觉得男性可以做的自己也能做，因此男性在她们面前只好屈服，在她们面前做出很无辜很没用的样子，如果一个男性爱上了这种强势的女人，那么他们就要做好准备，在心爱的人面前变成一只温柔的小绵羊。

还有一个原因就是，男性对女性的爱在起作用。在心爱的人面前，让她说几句也是幸福的，因为男性爱对方，所以他就会选择在对方生气的时候去安慰她或者让女性先出出气再去哄，从这种"妻管严"的现象中，女生可以知道，他们是会疼老婆的人，这种男人是值得依靠的。

那么对于女性来说，婚姻生活中是应该占据强势地位呢，还是应该学会小鸟依人呢？有些人认为，强势一些好，自己会更有主见一些，而且不会被男性牵着鼻子走，而且如果女性在婚姻中强势一些的话，整个家庭也会显得井井有条；而那些认为女性在婚姻中应该小鸟依人的人却觉得，生活中如果小鸟依人一些会增加丈夫对自己的爱，大部分男性都不喜欢那种太强势的，他们总是喜欢温柔型的女生，这样可以巩固自己的婚姻，不仅如此，如果小鸟依人的话丈夫会很愿意把女性带出去见自己的朋友，在朋友面前会很有面子。各人都有各人的观点，我们自己想要过什么样的生活还需要我们自己去权衡，什么样的类型是我们所选择的，什么样的类型是我们所喜欢的，这就是婚姻。很多人就是因为不知道在婚姻中扮演什么样的角色，才会导致男性在别人面前抱怨，我在家庭里面地位太低。我们应该做一个聪明的女人，掌握对方需要什么，对方希望看到的自己是什么样子的，这样我们的婚姻生活才有可能变得更加美满。

还有很多人总是在徘徊，做了这个怕老公不高兴，做了那个怕老公不高兴，其实我们不用这样，尽管以上说的这些都很重要，但是我相信做自己是最重要的，老公之所以会选择你，是因为喜欢你的本性，而不是你扮演出来的那个样子。

口头禅妙用

1. **与人诉苦**。很多男性在妻子面前总是表现得非常"乖"，他们对妻子总是言听计从，妻子说一，自己绝对不说二，生活中有很多这样的男性。他们总是会在和朋友聚在一起的时候适当地抱怨自己在家里的地位可能还不如家里的宠物，有人觉得这样的生活很苦，有人觉得这样的生活苦中有乐，但是每个人既然选择听老婆的，应该都有自己对老婆的爱包含在里面，只有在朋友聚会的时候才敢用这句话来抱怨抱怨。

2. **调侃妻子**。夫妻双方之间需要一些小幽默，来做婚姻生活的润滑剂。自己感觉在婚姻生活中处于一种弱势地位的时候，就可以在妻子心情好的时候用这句比较幽默的话来表达一下自己的小抱怨，相信妻子听了这样的话不仅会更爱自己的丈夫，也会在今后的婚姻生活当中改变很多，争取当不让丈夫抱怨的好妻子。

不管吵架多有逻辑，到最后我还得落个赔不是

家庭里夫妻之间免不了会引起一些争吵，但是在很多家庭里，不管是哪一方比较有道理，最后需要低下头来道歉的总是男性那一方，也许很多男性朋友觉得很郁闷，为什么总是男性道歉呢？很多女性就算知道是自己错了，也不会轻易低头，这就是家庭中常见的情况，不管吵架吵成什么样子，最后赔不是的总是男方。

在家庭生活中，经常免不了一些争吵，很多时候就是因为争吵才让家庭婚姻关系变得更加微妙，变得更好。俗话说，床头打架床尾和，说的就是夫妻之间吵架一般都非常容易和好。而促使和好的人往往是男性。

现代的男性总是扮演着哄老婆的角色。在当今社会，好像会哄老婆的男人才是好男人。很多女性朋友找男朋友都想要找那种会哄自己的。在古代，往往是妻子在家里相夫教子，每天过着以丈夫为中心的生活，但是现在，很多男性慢慢地增加了对女性的尊重，也就慢慢变成了女性也可以要要性子，男性需要哄哄女性的状态。

其实在吵架的时候向女性道歉，并不是一种软弱的表现，很多时候这正是一种男性魅力的表现。在和老婆吵架的时候主动向老婆道歉的男性，总是有着一颗宽容的心，很多男人正是因为有这种宽容的心才能成就大事。试想一下，如果连妻子都包容不了的人，那么他还能包容什么？

我们的身边总是有很多这样的例子，那些男人们爱老婆，疼老婆，总是能在偶尔的吵架之后让老婆看到他们不一样的一面，就算是有的时候确实是自己没有错，他们也会默默地向老婆道歉，其实很多女性朋

友知道自己做错了，但是又碍于面子不愿意承认，这个时候，男性的道歉更让女性感觉到温暖和感动。真正的男人总是能知道女性心里在想什么，还能够表现出自己的宽容和大度。

其实从女性方面来说，吵架之后也可以试着向男性道歉，如果婚姻生活中总是由男性扮演道歉的角色的话，就算这个男性非常有耐心，非常大度和宽容，但时间长了，女性还无理取闹的话，他们总有一天会觉得厌烦，他们可能也厌烦了明明自己没有做错还要一直道歉的状态。所以女性也应该适可而止，偶尔做一做那个道歉的人，不仅会让男性感觉到欣喜，而且男性还可以看到女性也有不一样的大度。不仅如此，男性也会因此更加喜欢道歉的女性，促进了夫妻之间的和谐和美满。

在演艺圈中的文章和马伊琍夫妇，就是很典型的例子。很多人都说文章怕老婆。但是文章说，怕老婆不是丑事，在和老婆吵架的时候能够哄哄她，也是对老婆的一种尊重。其实男人在老婆面前会像个孩子，他们习惯于承认错误，而不是和老婆据理力争。而马伊琍也经常会说，每次吵架的时候文章都会主动过来承认错误，尽管有的时候明明是我故意逗他的，他也会乖乖跑过来给我道歉，我觉得这是一个好男人应该有的一种特质，生活中的文章就是这样的一个好男人，所以我很爱他。

很多人都会问文章，你作为一个男人为什么总是在吵架后给马伊琍道歉呢？文章总是坦然地笑笑说："我觉得，作为一个男人，如果你足够爱自己的老婆，你就应该包容她的一切，而如果你把她惹得不高兴了，你更应该主动去安慰她，女人的心总是很脆弱的，她们跟男人不一样，她们总是需要安慰的那一方，因此我才会希望总是在和马司令（马伊琍）吵架的时候，主动过去道歉。"于是文章这个好男人的形象就一直在影迷心中，很多人甚至就提出要找男朋友就以文章为模板。我们可以看出，现在的年轻人已经慢慢地开始转变，开始尊重女性，开始越来越考虑到女性的想法和思维。很多男性在吵架之后都会主动地向女性道歉，安慰女性，这种现象是值得提倡的。

口头禅妙用

1. **启示妻子**。很多时候有些女性总是会莫名其妙地生气，你问她她也不说，只是坐在那里生闷气，男方甚至不知道自己做错了什么，脾气好的就会开始哄女性，他们就可以用这句话告诉女性朋友，不管怎样，不管是不是我的错，我都可以过来安慰你。这样妻子可以从这句话中感觉到丈夫对自己的爱。

2. **自我调侃**。在朋友之间有的人会嘲笑那些怕老婆的人，这个时候，那些怕老婆的人就可以用这句话来自我调侃，这样不仅可以让大家知道自己不是那种软弱的人，也可以展现出自己对老婆的爱。这样不是没面子的表现，而是一种尊敬老婆，疼爱老婆的表现。

以前是爸爸的儿子，现在是儿子的爸爸

不知不觉我们就慢慢地长大了，结婚几年之后，我们就开始成了另一个小孩的爸爸，承担起了更多的责任。我们可能还非常不适应这种转变，但是我们不得不让自己的内心变得强大起来去适应这种变化，并且为另一个小生命担负起更多的责任和义务，我们的内心必须强大到去保护那一个刚刚出生的小生命。

我们上大学的时候还每天打游戏每天浑浑噩噩地活着，有时翘课有时宅在寝室睡觉，但是不知不觉间，我们就要工作了，就要开始我们之后的人生，我们的人生就要进入下一个阶段了。对于男生来说，不过几年，就要当上爸爸了，这是一件很不可思议的事情，也就几年的事情，但是让我们的人生充满了惊喜与挑战。

以前小的时候，我们总是觉得爸爸有宽大的肩膀可以让我们无忧无虑地依靠，每次我们伤心的时候，爸爸总是在我们最难过的时候过来，给我们讲道理，告诉我们什么是人生，我们开心的时候，爸爸有的时候会和我们一起高兴，有的时候会在我们得意的时候告诉我们虽然现在取得了一定的成就但是一定要再接再厉不能洋洋自得，我们失意的时候爸爸不会像别人那样嘲笑我们，他只是默默地陪在我们身边鼓励我们，但是爸爸自己还要在外面承受各种各样的压力。每次我们看到爸爸忙碌归来的身影，总是会觉得爸爸在我们心中是那么的伟大。

但是随着我们渐渐地长大，发现爸爸也慢慢地在变老，力气也不像之前那么大了，背脊也不像之前挺得那么直了，头发也开始慢慢地变白了，眼神也不像之前那么好了，甚至有了一点点的老花，记性也不好了，经常性的，他会忘记一些生活中琐碎的事情，我们长大了，爸爸却老了。

而现在，很多男生也开始体验到了当爸爸的感觉，很多男生之前还是懵懵懂懂的，喜欢乱发脾气，喜欢为所欲为，但是现在，每次只要看到自己的小孩，就会变得非常的绅士，好像想把自己人生中最美好的一面展现在自己的孩子面前。在发现自己有了一个小生命之后，就会醒悟，觉得自己之前那种为所欲为的行为是不对的，毕竟自己身后还有一个家，还有自己的妻子和孩子，作为一个男人应该在家里承担着最重要的责任和义务，不仅仅是抚养这个家，也是对孩子的一种责任，孩子有权利看到一个斗志昂扬、积极向上的爸爸。自己小时候有爸爸在为我们遮风挡雨，现在也轮到我们为下一代遮风挡雨了。

其实，每个男生都是从懵懂慢慢地走向成熟，生活中总是有一些事情在刺激我们前进，而生命中最大的刺激就是亲情带来的感动。其实父亲那一辈也不是生来就像我们看到的那样稳重而高大。男生想要成长就是一瞬间的事情，知道自己肩膀上的责任是非常大的，知道自己前进的方向。

每个当父亲的人估计都有一个体会，每次想发脾气的时候，看到自己的孩子，看到自己的妻子，就会感觉到成立一个家其实很不容易，为什么要让自己的心情破坏这美好的一切呢？生活给了我们这么美好的生命，我们应该感谢它，并且为之努力。也许很多男生都是在这一瞬间成长起来的。

生活中，爸爸是一个伟大的词汇。爸爸对我们的爱是无私的，爸爸是一个家庭的脊梁，他们为了给我们温暖的一切付出了巨大的努力，我们在给自己的孩子树立一个伟岸形象的同时，也应该想想自己应该为已经老去的父亲做些什么。

口头禅妙用

1. **教育后代**。我们面对下一代的时候，总是会很感慨，时间走得太快，我们面对下一代也要像上一代面对我们一样，把这一代接一代的坚毅的信念继续传承下去，让自己的孩子变成有用的人，我们也会因此而感到骄傲。

2. **感恩父辈**。只有自己做了父亲的时候才知道，作为一个想要保护整个家的人是多么的不容易。每个做了父亲的男人身上都会有一种大义凛然的气度，他们决定了想要更加努力来保护这个家，就会只顾风雨兼程。他们的身上总是有很多沉稳的气质，慢慢地成熟，慢慢地学会包容，慢慢学会怎么变得伟大。而我们在经历这一切的同时，也感受到了当年父亲对待我们的不容易，我们应该学会感恩，感谢父亲让我们这样健康并且快乐地成长。

老妈，您的"叨叨歌"能别老是平调吗？

当妈妈整天在我们耳边唠叨这唠叨那，我们总是会说，您别烦我了，我的耳朵都快起茧子了。但是似乎她们对这个特别热衷，就算我们极力反对，她们也还是要说，并且语音语调都不会改变太多。妈妈们，她们到底在想什么呢？

妈妈喜欢在我们身边唠叨来唠叨去，比如我们在吃饭的时候，她们会说，你好好吃，多吃蔬菜，适当吃些肉；我们在睡觉的时候，她们也可能在我们身边叫嚷，你的衣服怎么摆都摆不好，老是乱丢；我们在学习的时候，她们会说，不要偷懒啊，我们当年怎么怎么样，你们现在生活这么好，更应该好好学习啦，之类的。我们总是会觉得很烦，为什么妈妈们可以把同样的事情重复上好几遍呢，我们都听不下去了，为什么妈妈们还是要一直说呢？

一个人的时候，我们是不是会想到妈妈在我们耳边的唠叨呢？我们一个人吃饭的时候，是不是会不自觉地想着应该多吃蔬菜少吃肉呢？我们睡觉醒来的时候看着自己乱丢的衣服是不是会想起要好好收拾呢？我们一个人学习的时候，妈妈不在身边，自己的耳边也会飘荡着我们应该好好学习，不要让妈妈失望。妈妈的唠叨总是让我们在不知不觉中想起，我们总是能在最平凡的小事中听到那亲切的"叨叨歌"，它们陪伴了我们的童年以及青春。

妈妈为什么要一直对我们唠叨？那是因为她们爱我们，妈妈们总是希望自己的孩子在各方面都成为一个有良好品质的人，成为一个优秀的人。然而，她们能做的就是在我们做得不对的时候，用她们的"叨叨歌"，让我们知道自己做错了并且慢慢地去改正它。

尤其是孩子处于青春期比较叛逆，而妈妈又正好处在更年期，又喜欢"叨叨"，最后就演变成了，母亲只要一说话，孩子就开始反驳，矛盾在这个时候特别容易激化，有的时候妈妈甚至还没有开口，孩子就知道妈妈要说什么了，同时反驳妈妈，其实，这个时候妈妈的心里是非常难受的。

孩子们应该体谅一下妈妈，妈妈到了更年期，喜欢唠叨是非常正常的现象，而且很多时候，妈妈并不是无缘无故地对我们唠叨，她们总是在认为我们做得不对或者做得不够好的时候才会在我们耳边说一些希望改变我们的话，我们很应该听取她们的意见，大部分意见都是对我们有好处的，也有些意见我们可能不认同，但我们也应该认真地听一听，毕竟她们拥有更多的生活阅历，听听她们的话，可以少走弯路。很多时候我们觉得妈妈们跟不上潮流了，思维不好了，我们也不要直接去顶撞她们，毕竟她们的出发点是为我们好，她们不是故意说那些话来气我们的，我们可以选择听完然后跟妈妈说我不太赞成你的看法，或者当作耳边风，听一听就过去了，不要放在心上。

当我们走出家门，发现身边没有了妈妈的"叨叨歌"，我们可能又开始怀念那些平调的"叨叨歌"了。我们一个人在外，什么事情都要靠自己，我们才会发现，那些妈妈常常在我们耳边唱的平调的"叨叨歌"，才阐述了世界上最简单的道理。我们从小就从妈妈的"叨叨歌"中学会了生活、做人的知识，这些都曾经是我们最不喜欢听到的东西，在我们一个人在外的时候，却无比地怀念，好像那些"叨叨歌"变成了世界上最动听的音乐。我们开始怀念这些"叨叨歌"的时候，妈妈却已经老了，也不会再在我们的耳边叨叨，因此，我们还是现在就珍惜那些耳边的"叨叨歌"吧。

口头禅妙用

1. **告诉妈妈**。很多时候，我们实在是不喜欢妈妈的叨叨歌，只要听到妈妈唠叨的声音，心情就变得很不好，于是我们可以用这句话告诉妈妈，自己现在想拥有一个安静的环境，并不是不喜欢她们在耳边唠叨，只是希望能够安安静静地把事情做完。我们这样说不仅可以让妈妈知道我们的想法，也不会让妈妈的心理受到一定的伤害，这是一种非常好的办法。

2. **聚会调侃**。我们在聚会的时候可能会不自觉地开始讨论妈妈的唠叨，因此我们在聚会上可以用这句话来进行抱怨，这样既不会显得我们非常的不喜欢妈妈的唠叨，又可以适度地表达出妈妈喜欢唱平调的"叨叨歌"这样一种现象。

07

友情
随口一句不简单，张口便知情谊贵贱

人的一生中少不了同道之人，对于朋友，说得太多见外，说得太少情薄。因此很多人在面对朋友的时候往往会把一些口头禅挂在嘴边，尽管表达的意思不同，却都说明了自己对于交朋友这件事情的看法，什么人值得交往，什么人不值得交往，什么朋友只是浮云，什么朋友才是你一辈子最应该维护的人。社会生活脱离不开群体，在家靠家人，出门靠朋友已经成了一件顺理成章的事情，究竟这份情谊价值几何，每个人的心里都有一杆秤，几斤几两恐怕只有他们自己说得清楚了。

如果朋友为你生气，那说明他还在拿你当朋友

人永远不会为一个自己不在乎的人生气。无论是从爱情还是从友情的角度而言，生气都代表一种在乎，说明还把对方放在心里。所以，不但要珍惜那些给我们带来快乐的人，还要珍惜那些让我们生气的人，因为他们都是我们的朋友。

朋友这个词可谓是含义广泛。有人曾经这么总结过：好友可以是益友但不是良师，损友可以是铁哥们但不是益友，净友是益友但更是良师。可以说这个总结是相当到位的。净友他不会猛说赞美你的语言，他只会用睿智的目光盯着你的缺点，不顾你脸面和感受一针见血。也许当时咱一时爱面子嘴上不肯认输，但理智的人，事后冷静思考，内心一定会对这种久旱甘霖充满感激之情。朋友有时候为了我们生气，甚至跟我们吵架，其实是因为他们心里还把我们当朋友，如果当成路人，那么谁愿意为了你的一点错误大发脾气还苦口婆心地提醒和说服你？

1926 年，著名诗人徐志摩和当时京城的交际花陆小曼在北京北海公园举行了一场兼具娱乐性和轰动效应的婚礼，证婚人是梁启超，主持人是胡适，参加者都是在中国近代史上响当当的人物。因为徐志摩和陆小曼都是离过婚的人，而且两人的结合被许多人认为是不合乎道德的，

所以徐志摩的恩师兼诤友梁启超十分气愤两人的行为。在婚礼上，作为证婚人的梁启超发表了一番让人瞠目结舌的证婚词："徐志摩，你这个人性情浮躁，以至于学无所成，做学问不成，做人更是失败，你离婚再娶就是用情不专的证明！陆小曼，你和徐志摩都是过来人，我希望从今以后你能恪遵妇道，检讨自己的个性和行为，离婚再婚都是你们性格的过失所造成的，希望你们不要一错再错自误误人，不要以自私自利作为行事的准则，不要以荒唐和享乐作为人生追求的目的，不要再把婚姻当作是儿戏，以为高兴可以结，不高兴可以离，让父母汗颜，让朋友不齿，让社会看笑话，总之，我希望这是你们两个人这一辈子最后一次结婚！这就是我对你们的祝贺！我说完了！"

这样的证婚词以及婚礼祝贺可以说是前无古人后无来者，但是仔细想想，为什么梁启超如此生气，正因为他把徐志摩当成自己的朋友和学生。他生气，是为了告诫徐志摩能够有所收敛，能够改正自己的缺点，这都是为了徐好。能够做到这样的，确实能称得上是诤友，是真的朋友。

从心理学角度讲，朋友可以说是一个人最本性的内心需求，朋友之间在精神上互相理解、在生活上相互关心，在工作上相互帮助。但现实生活中，朋友有很多种，有些是泛泛之交，有些是肝胆相照，有些是酒肉朋友，等等。但是我们一定要牢记：交朋友应多交诤友，身边有几位诤友十分重要，他们甚至决定着你一生的荣辱、成败。结交那些道德高尚、心地善良、博学多才、优秀智慧的朋友，可以让你变得更加积极向上、明辨是非、严于律己。在你得意时，他们会给你不顾面子的提醒、毫不留情的批评，让你及时认识到自己的不足；在你深陷困境、身心疲愈时，他们又会给你真诚的帮助、激励，为你指点迷津、让你受益终生；所以交友绝非一件小事。身边有几个"诤友"随时监督提醒，也算是人生的一大幸事。

那些愿意为了我们的事情而生气的朋友，我们一定要珍惜，因为他们就是我们的诤友。诤友是能直言相劝、诚恳指责过失的朋友。"士有诤友，则身不离于令名"，人有诤友，能听到不同的意见，真正认识到自己的过失和错误，便可以促进自己反省和改正。诤友能随时给你提供清醒剂，让你戒骄戒躁。人的一生，诤友可以说是可遇不可求，结交也需要有宽容之心，诤友直言诤诤，还没成友已经把你得罪了，如果你斤斤计较，可能从此错失了一位诤友，因此，诤友对我们虽然严苛，会时常生气指责我们，但是我们一定要用宽容之心去对待他们，这样我们才能拥有更多对我们人生发展有益的朋友。

口头禅妙用

1. **宽容待人**。每个人身边都有很多朋友，与朋友的相处也是我们人生的重要内容之一。我们要学会宽容待人，对待自己的朋友更要学会宽容。朋友有时候会跟我们有冲突，我们不妨用这句口头禅来告诉自己：生气也是一种关心，为你好才会跟你生气。

2. **多交诤友**。常言道："君子之交淡如水，小人之交甘若醴。"我们不妨多结交一些愿意指出我们不足与我们吵架的人，少结交一些一味迎合只会带我们享乐的朋友，这才是正确的交友态度。

自己选择 45°仰视别人，就休怪他人 135°俯视着你

有这样一句俗话，"你把自己当抹布，就不要怪别人一脚踩上来。"说的其实就是做人以及待人接物的态度问题。一个人无论是在生活中还是在职场中，都要保持必需的自尊，不能因为自卑而自降身份。如果你非得选择 45°仰视别人，那么岂不是主动要求甚至强迫他人 135°俯视着你？所以在与人相处的过程中，要学会不卑不亢，本着平等的态度去面对别人，这样才能活出自尊，赢得别人的尊重。

在人际交往中，我们一向提倡谦虚，但是凡事都有度，如果总是倾向于放低自己的位置，选择去仰视别人，那么就不能再用谦虚这两个字来形容了，过分的谦虚会演变成自卑。而自卑会给自己的人际交往以及个人发展带来很不好的影响。

从心理学角度来说，自卑是性格上的缺陷，是对自己的不恰当的认识和自己瞧不起自己的消极心理，对自己的知识、能力、才华等做出过低的估价，伴有害羞、内疚、胆怯、忧伤、失望等特殊的情绪体验。有自卑心理的人，只知自己的短处不知自己的长处、甘居人下，遇到困难、挫折往往出现焦虑、泄气、失望、颓丧的情感反应，严重者对自我进行否定。如因家庭贫穷，学习、外貌等方面不如别人，感到自卑、恐惧，不敢与人交往，陷入自我封闭的境地而又痛苦万分。有自卑感的人在交往中，虽有良好的愿望，但害怕别人的轻视和拒绝，因而对自己没有信心。由于缺乏自信心，无法发挥自己的优势和特长，在社会交往中办事

无胆量，习惯于随声附和，没有自己的主见，久而久之会逐渐磨损人的胆识、魄力和独特个性。

在日常生活中，我们常常会碰到自卑的情形。自卑对自己的成长和发展是不利的，也有碍于与别人的正常交往。

著名的篮球明星迈克尔·乔丹小时候长得又高又壮，母亲对他的要求非常严格，从小就教育他与人为善，学会忍耐。母亲的教育很有成效。学期结束的时候，教师对他的评语是："迈克尔是个优秀的孩子，但他应该学会维护自己的权益。他虽然比别的孩子更强壮，但常常有其他的孩子敢欺负他，推他，甚至打他。"

母亲看到这个评语，惊讶之后是伤心，怎么会是这样结果呢？迈克尔流着泪对父亲说："我讨厌他们叫我'傻瓜'，更讨厌他们叫我'胆小鬼'。"停了一会儿，他又说："我真想狠狠地揍他们，但我知道这样做，妈妈会生气。"

父亲告诉他："你不必揍他们，你也可以通过其他的方式解决问题。比如争取自尊，比如树立自信，因为你本来就比他们强。"迈克尔擦着眼泪，点了点头。

后来过了不久，迈克尔的父母被老师叫去学校。母亲着急地问老师，是不是迈克在学校打了架。老师笑着说，没有。原来迈克尔与同学们在篮球场上打球，那几个经常欺负他的孩子又去变着法子戏弄迈克尔，但迈克尔没有像往常一样站在那里忍受，而是大声叫他们立刻停止，这些孩子不听，迈克尔只好把其中两个紧紧摁在篮球场上，警告他们不要再这么做，但没有打他俩。后来，两个孩子承认了自己的错误，并与迈克尔握手言和。从此，迈克尔的班上也再没有发生过那种欺负弱小的事件，迈克尔也因此成为班上最受欢迎的人，他比从前开心了很多，而且在篮球场上的表现也更加自信了。

可以说自卑心态给人们带来的危害是很大的，不仅会影响一个人性格的形成，甚至会影响到一生的命运发展走向。那么，我们要怎样克服自卑心理呢？首先一定要明白，一个人如果做了自卑的俘虏，不仅会影响身心健康，还会使聪明才智和创造能力得不到发挥，难有作为。必须想办法让自己从自卑的阴影中走出来。

首先就是要学会正确认识和评价自己。自卑感重的人善于发现他人的长处，这本身不是坏事，但如总是用别人的长处和自己的短处比，不但不能激发奋起直追的勇气，反而会越比越泄气，从而贬低、否定自己。自卑者要注意弥补自己的缺陷和发扬优点，将自卑的压力转变为发挥优势的动力，从自卑中超越自我。

其次就是要学会去激励自己，确立恰当的追求目标，从而提高自信心。要知道每个人都有自己的长处，一个人不可能在所有方面都强于别人，很多时候不必对自己提出过高的要求。与其追求那些不切实际的东西，不如设立一些较为现实的目标，采用小步子原则，多做一些力所能及、把握较大的事情，从而不断地使自己得到鼓励，确立自信心，循序渐进地克服自卑心理。

每个人都有自己的优缺点，对于一些不可改变的事实，如相貌、身高等，完全可以用别处的优点来弥补，大可不必自惭形秽。此外，我们还要学会积极地与周围的人交往，学习别人的长处。更要坚决避免的是：

因为别人看不起你而离群索居，这只会让事情越来越糟糕。我们要学会在群体活动中培养自己的能力，可预防因孤陋寡闻而产生的畏缩躲闪的自卑感。从而锻炼自己的心理承受能力，不要因为一次失败而一蹶不振，或因自己某一方面的过失而全盘否定自己。在生活中，我们既要与人为善，也应该学会维护尊严和权利。要做到两者兼顾，就需要把握好分寸，这才能使自己充满力量，而这种力量将会是我们走向成功人生的开始。

口头禅妙用

1. **自知之明**。人贵有自知之明，为什么呢？因为正确认识自己不是一件容易的事。这句口头禅不停地提醒我们：要充分认识自己的能力，不夸大自己的缺点，也不抹杀自己的长处，能发现自己的短处，也能恰如其分地看到自己的长处，不能因自己的某些不如人之处，而看不到自己过人之处，自己瞧得起自己，别人也不会轻易小看你。

2. **自强自立**。我们还要用这句口头禅提醒自己学会自强，学会在各种活动中自我提示：我并非弱者，我并不比别人差，别人能做到的，我经过努力也能做到。认准了的事就要坚持干下去，争取成功，不断的成功又能使你看到自己的力量，变自卑为自信，积极与人交往，必然会得到大家的尊重。

社交圈是一种烦恼，超脱它就是一场悲剧

估计许多人都会有这样的体会：累的时候，觉得所有的一切都是负担，包括身边的人，乃至自己的社交圈子。想要彻底摆脱它们，关了手机一个人远行，然而这种想法能不能实现先不必说，它真的能让我们得到解脱吗？也许那一天真的来到的时候，你会发现，自己只不过是从一个悲剧跳进了另一个悲剧而已。

身处社会中的我们，必须清楚一点：任何人都不可能完全独立存在，人和人是必然需要联系在一起的。在生活中我们需要面对不同的人，与各种人进行交往，喜欢的或者不喜欢的。学会同别人交往是一种艺术，当然不可能在交往中处处都顺心，人际关系的不顺可能导致自己情绪的低落，有一种受人冷落的感觉；而这种低落的情绪又会束缚我们同别人进行交往和交流，这样的恶性循环会导致我们的人际社交出现严重问题，因此，如何处理人际社交方面的问题，对于每个人而言都是非常重要的一个问题。

那么，我们应该如何去处理好自己人际社交方面的问题呢，首先，必须确立一个最基本的观念，那就是和谐。拿职场来说，同事作为你工作中的伙伴，相处的时候难免有利益上或其他方面的冲突，处理这些矛盾的时候，你第一个想到的解决方法应该是和解。毕竟，同处一个屋檐下，抬头不见低头见，如果让任何一个人破坏了你的心情，说不定将来自己就会因此而吃亏。此外，如果能够与同事和睦相处，在上司眼中，你的分量将会又上一个台阶，因为人际关系的和谐处理不仅仅是一种生

存的需要，更是工作上、生活上的需要，同时也代表一个人能够有把握处理工作生活上的各种人际关系问题。

和同事相处如果能够做到以和谐为前提，那么相处就是一件容易的事。和谐的同事关系让你和你周围同事的工作和生活都变得更简单，更有效率。要想拥有和谐的同事关系，还必须记住一句话："君子之交淡如水"。大家在同一个公司里工作，人际关系必定也是各不相同，个人的交情更是大不相同，远近亲疏自然是存在的。问题的关键就在于应该如何处理这"远近亲疏"的关系。我们可以仔细回想一下，平常我们容易对哪些人产生意见。对于我们自己来讲，也存在着和有的人关系比较亲近，而和有的人关系比较一般。甚至对于同事中为自己的好友找理由搪塞错误，我们也没有什么意见，因为谁没有几个好兄弟、好姐妹，但是当我们发现，这种远近亲疏的关系开始因为共同的利益扩大化，甚至出现了各种弊端、相互排挤的时候，我们就会因此而产生厌倦。

如果出现这样的状况，那无疑是一个优秀团队内部的大忌，甚至可以说是一个团队瓦解分化的开端，结果就是导致整个团队的瘫痪。为了避免这样的事情发生，我们要做的就是控制好与同事之间的人际交往关系。正是因为如此，所以在公司里，还是用"君子之交淡如水"来代表自己的好。因为公司是一个充满了竞争的场合，影响和干扰人与人之间的亲疏远近关系的因素实在是太多了。

此外我们还必须要学会尊重别人，尊重同事。在人际交往中，自己待人的态度往往决定了别人对自己的态度，因此，你若想获取他人的好感和尊重，必须尊重他人。研究表明，每个人都有强烈的友爱和受尊敬的欲望。由此可知，爱面子的确是人们的一大共性。在工作上，如果你不小心，很可能在不经意间说出令同事尴尬的话，表面上他也许只是脸面上有些过意不去，但心里可能已受到严重的创伤，以后，对方也许就会因感到自尊受到了伤害而拒绝与你交往。

生活在社会中，总是要和别人进行交流和沟通的。在交流沟通中，自己是否能最大限度地被人认可和支持，往往是由自己的社交水平、品位以及为人处世的方法所决定的，同时它也可以决定一个人事业的成功和失败。为此，我们在人际交往中，应该注意做到与他人交流时要开放而坦率，此外也要谦恭自律，不要与自己交往的人较劲儿。用这些行为准则来赢得他人好感、获取他人对自己的支持，从而让自己拥有更和谐的人际社交环境。

总而言之，在社交圈，我们会为各种人际关系所苦恼，这是因为我们忘记了对方和我们不同之处的缘故，所以才会产生问题。无论是怎样的人际关系，都必须承认对方是和自己不同的。无论怎样的人际关系都需要付出努力，从而寻求建立良好的人际关系，继而达成人与人之间的相互理解。这样才能让我们的社交最大限度地避免烦恼。

口头禅妙用

1. **自我排解**。没有人可以脱离社交圈子，所以那种想要彻底逃避的想法最好还是不要有，因为既无法实现也没有任何意义。这句口头禅就是在提醒我们要避免这种悲剧的产生。每当在交际圈子觉得累的时候，不妨用这句口头禅来作为一种安慰。

2. **正视社交**。既然想要超脱社交圈子同样也是一场悲剧，不如我们坦然去面对社交，从中寻求让自己更轻松的方式，因为总归躲不开的，还不如主动去接受，正视社交压力，从而避免更多烦恼的产生。

有件事比别人的议论更糟，那就是无人议论你

　　我们时常会因为自己被别人议论而烦恼，也经常看到那些社交场上的明星人物因为过于被关注而大发牢骚，但是所有的事情都有两面，我们不妨想一想，如果真的有一天，再也没有人议论我们了，我们如自己所愿成了"透明人"，那么我们真的会从此无忧无虑吗？恐怕未必，所以说，在我们因为被别人关注而抱怨时，不妨试着去调整心态，想想自己被所有人遗忘的可怕情形，这有助于我们保持平衡的心态。

　　关于被议论这件事，我们不妨换一个角度来看。生活中被人议论无疑是一件让人不开心的事情，但是如果真的再也没有人议论你的话，就意味着另外一个事实：你被遗忘了。被别人遗忘无疑是一件更痛苦的事情，恐怕没有哪个人愿意当"透明人"被所有人无视。

　　以职场为例，辛苦打拼的大家会不会有过这样的经历：自己明明比其他同事更努力，却总得不到上司的重视；辛辛苦苦熬夜加班弄出来的方案，领导看了只是一笔带过；在公司里明明自己有资历也有成绩，却不如新来的员工吃香？在这些方面被忽略还是小问题，最关键的是经理在考虑加薪的时候也把你给忽略了！如果以上这些不幸都曾部分或全部

发生在你身上，恭喜你，你已经是职场透明人团队中的一分子了。也许我们并不愿意让所有的同事和领导都盯着自己，没事就议论自己，但是这样的彻底遗忘对我们而言却是更加糟糕的，原因我想就不用再说了吧。

那么，在职场里我们如何能避免这种被所有人遗忘的情况发生呢？首先要学会让领导知道你在干什么；有时候造成你成为公司透明人的原因，是因为领导根本就不知道你在干什么，长此以往自然你就是可有可无的了。不妨将与同事、客户交流的工作关键点以邮件抄送给你的上司，这样可以让他知道你工作的内容。此外，如果你觉得那些后来的同事都比自己晋升得快，而自己仿佛是被遗忘了，那么就要及时从自己身上找原因了。可以先问问自己，在公司这么多年除了本职工作能力外，是否具备升职的条件？你是否有分子精神？愿意帮助其他同事，愿意积极参与到公司的事务讨论？还是只埋头做自己的一摊事，其他都不管，只顾自己的利益得失？

其实，被别人关注和议论也是一件好事，尤其是在职场，这体现出你的职场价值，如果同事和上司都对你没有评价，遇到事情也想不到你，那你在这个公司待的时间也不会太久了。那么，要想避免这种情况，就要学会及时与同事和领导沟通，表明自己的想法，这是职场打拼必备的本领。

在生活中同样也是如此，曾经有一部电影讲的是一个明星因为过于被关注，主动寻求退隐和不被打扰，最后经历重重困难终于实现了愿望。不料一段时间之后，明星觉得过够了隐居的生活，又想重新被大众所关注，结果却真的被大众所遗忘，再也回不到以前的生活了。这其实也是同样的道理，被关注虽然累，却并非坏事，而不被关注虽然轻松了许多，但也许并不是好事。

　　从另外一个角度来说，自己有话题被大家所议论，也是某种意义上的分享。比如你的快乐、你的笑声、你的知识，别人没有的你有，这就是一种分享。在我们平凡忙碌的生活中，要学会分享自己的一切，我们的快乐，我们的悲伤，我们的骄傲，我们的收获和失落，等等。分享可以拉近自己与身边人之间的距离。分享作为一种心理需要的补偿，主要特点就是把别人的快乐作为自己的需要，因此，只有把别人的快乐作为自己乐趣的人，才能产生补偿的需求，才能有分享的需要，自己的快乐毕竟是有限的，把别人的快乐作为自己的快乐，把别人的乐趣作为自己的乐趣，这样就无形中拓展了自己的快乐空间，增加了自己的快乐素材，丰富了快乐源泉，从而使我们获得更多的快乐。

　　从另一个角度来说，被议论不仅仅是物质上的分享，也包括精神上的分享。别人议论你的生活，其实是对你生活的一种分享需求。这种分享与被分享的需求如果达成了一致，就会是一个和谐的局面，会带来彼此的了解以及更多的快乐，相反如果只有分享的需求却没有被分享的想法，那么必然会带来烦恼和冲突，所以说，如果你觉得被别人议论是件糟糕的事情，那么也许你并没有意识到，被别人无视是一件更糟糕的事情，因为，被无视虽然会省去很多是非，但同时也失去了很多和人分享的快乐。

口头禅妙用

　　1. **不要害怕成为焦点。**生活中，可能大部分人都会觉得，自己如果成为别人议论的焦点，会很不自在，但凡事都有两面性，成为焦点，说明本身受关注的程度大大提高，而且也可以鞭策自己更严格地要求自己。所以，如果成为别人议论的话题，大可用这句口头禅来为自己减压打气，让自己坦然面对。

2. **心态放正**。有些人希望看到自己被关注被议论，也有些人愿意低调生活不被议论打扰，但无论是哪种人，都应该把心态放正，议论与否，都是身外之物，最重要的还是自己活得开心，有人议论也许是朋友在关心，没人议论则可以安心生活，都是好心情，何必纠结呢？

想成为什么样的人，就跟什么样的人在一起

近朱者赤，近墨者黑。这句古语想必每个人都知道。我们应该把这句话融到日常行为当中。这里所说的是希望每个人都能够跟那些比自己更强更有智慧的人在一起，因为那可以让我们拥有更多的能力和智慧。

在生活中，每个人交朋友的标准都不一样，有些人倾向于结识比自己差的人，因为在他们羡慕的视线中可以得到满足感与优越感。可是从不如自己的人当中，除了得到这些心理安慰之外，又能学到什么呢？聪明的人绝对不会为了这点毫无意义的心理安慰而与那些不如自己的人交往，因为，他们懂得近朱者赤、近墨者黑的道理，与什么人交往就会变

成什么样的人，积极的人拥有更多获得成就的潜力，并且向四周散发出能量来，只要待在他身边，你就会被他们身上的能量所感染，变得更加积极和努力。

曾经看到这样的一个小故事。

著名演说家陈安之有一个外国朋友叫马克·汉森，有一天，陈安之问马克·汉森，我的书在亚洲市场最多只有450万本的销售量，为什么你的书可以达到1000万本的销售量呢，你有什么秘诀，使你成为世界最畅销书的作者？

马克·汉森只笑着问道："陈安之先生，你每天都跟什么样的人交往最多呢？"陈安之骄傲地回答说："我每天都跟百万富翁在一起。"

马克·汉森笑了一下说："这就是你的问题，我每天都跟亿万富翁在一起！"

这样的回答可能有些幽默诙谐的味道，但是仔细想想，却也蕴含着很多道理。著名的成功学大师卡耐基就曾说过，一个人的成功15%取决于他的专业知识，还有85%取决于他的人际环境。在生活中，我们有什么样的朋友，可能就有什么样的未来和生活方式。你的朋友圈子决定着你的发展状况。

在美国，有这样一个男孩，他是个音乐爱好者，同时也对天文学充满兴趣，一有空不是沉浸在音乐里，就是对着星空发呆。因此，在同学眼里，他是个不善交际的人。不过，他也不是没有朋友，比他低两个年级的一个小伙子，就经常到班里来找他，因为他父亲是图书管理员，小伙子要通过他借一些最新的电脑书籍。在借书还书的过程中，他们渐渐熟悉了起来，于是经常一起出入于学校的计算机房，一起玩编程游戏，临毕业时，他成了一个仅次于那个小伙子的计算机高手。

1971 年的时候，他考入华盛顿州立大学学习航天专业，隔了一年，那个小伙子进入哈佛学习法律。不在一个学校了，但他们还是经常联系，一起看书和探讨问题。1974 年，他在《流行电子》杂志上看到一篇文章，是介绍世界上第一台微型机的。他异常兴奋，因为那个小伙子说："能放在家里的计算机造出来就好了。"他当时正为"是继续学法律，还是搞计算机"而苦恼，在看到《流行电子》杂志上那台所谓的家用电脑后，他顿时兴奋地说："你不要走了，我们一起干点正经事。"结果，接下来的八个星期里，两个小伙子没日没夜地工作，用 Basic 语言编了一套程序，这套程序可以装进那台名为 Altair8008 的家用电脑里，并且能像汽车制造厂的大型计算机一样工作。当他们带着这套程序走进计算机生产厂家时，竟然得到了一个意想不到的答复：对方愿意给他们 3000 美元的收购价格，并且以后每出一份程序拷贝，就付给他们 30 美元的版权费。

两个人喜出望外，再也没有回到自己的学校。3 个月后，一家名为微软的计算机软件公司在波士顿注册，总经理比尔·盖茨，副总经理保罗·艾伦。如今，微软公司已成为 IT 界的一个巨无霸，比尔·盖茨早已成为尽人皆知的世界富豪。而保罗·艾伦在比尔的巨大光环下，虽然不那么显眼，但在《福布斯》富豪榜上也名列前茅，个人资产高达数百亿美元。

后来，曾经有人写了一本书，书中称保罗·艾伦是一位"一不留神成了亿万富翁"的人。其实，这只是一种比较幽默的解读而已。犹太经典《塔木德》中有一句话：和狼生活在一起，你只能学会嗥叫，和那些优秀的人接触，你则会受到良好的影响。与一个注定要成为亿万富翁的人交往，自己怎么可能成为一个穷人呢？有句话是这么说的："你与之交往的人就是你的未来！"其实就是这个道理。如果你想成功，就一定要加入一个成功的环境，这是没有例外的，拥有成功的朋友，对于我们的成功而言，有着不可忽视的作用。

对于我们每一个人的人生而言，如果你想快乐，那么你就要跟快乐的人在一起；如果你想在某个领域有所建树，就一定要多去结交这个领域内的成功人士。你想成为什么样的人，就要选择跟什么样的人交往，这些人会在很大程度上对你发挥潜在的影响与作用。如果我们身边更多的是那些取得成功的人，那么日常生活中无论与他们在一起谈话的内容是什么，都会让你吸收到能帮助自己进步的东西，无论是知识还是他们对于事业的态度，都对我们有着潜移默化的影响。总之，想要成为什么样的人，就跟什么样的人站在一起。

口头禅妙用

1. **自我激励**。古人有"孟母三迁"的典故，就是因为孟母害怕儿子因为所处环境的污浊而交上不该交的朋友。这个警示对于今天的我们来说依然值得牢记。而这句口头禅就在时刻提醒我们：多与成功人士交往。

2. **规划社交圈**。与什么样的人做朋友，是我们对于社交人际关系的选择，在这个过程中一定要有选择，这句口头禅不妨作为自我的一种警告，多看看身边那些人，如果觉得身边靠谱的人越来越少，那么该是时候重新调整自己了。

想别人怎么对你，就怎么对别人

中国有句成语，叫做"设身处地"，意思就是多把自己放在对方的位置上去思考问题，这其实是做人的一种智慧，也是一种宽广的胸怀。人不能一味地要求别人怎么怎么对待自己，古语云"己所不欲，勿施于人"，换个角度来说，"己之所欲，先施于人"，也是一样的道理。

在我们日常的人际关系中，不妨记住这样一句俗语：种瓜得瓜，种豆得豆。反映到人际关系之上就是：你想让别人怎样对你，你就应该怎样对别人。比如，你在日常生活中给别人一个灿烂的微笑，那么别人也会回报你一张灿烂的笑脸。这个微笑无论是对于认识的人还是不认识的人，都有同样的效果。同样，你以礼貌的话语问候同事、同学、朋友，同事、同学、朋友也会以相应的方式回报于你。

对于我们日常的人际关系而言，我们可以这样说，任何用以展现你关爱的形式，只要你付出，最后都会以关爱的不同方式回到你身上。比如一个人说"大家有时候出去聚会不会叫我，平时也很少有人会来找我聊天"，那么我们不妨首先问问自己：你出去玩的时候叫过他们吗？你经常会去找他们聊天吗？你是否经常会对别人说一些友善和鼓励的话语？你经常对于那些需要帮助的朋友给予关爱、关心和抚慰吗？如果上面的这些问题对于你而言都能够得到肯定答案，那么你必然也会得到朋友同样的关心和回报。

在人与人的关系中，我们经常会犯一个错误，那就是过于在乎别人是什么，做什么或有什么。其实，你只要在乎自己就好了。比如问一问自己是什么，做什么或拥有什么？还有我们自己需要什么，选择什么？从一定意义上说，人际关系的本质就是从他人的身上看到你自己。所以，如果你想体验那种给人带来愉悦的人际关系，你就必须愿意无条件地付出关心、关爱，以及赞美。我们必须要记住：你想要别人怎么对你，你就怎么对别人。如果你希望生活中有更多的爱，那首先让别人生活中也有更多的爱。要知道，你所付出的一切，都会回到你身上。

在一个山中的小村庄里，一位年轻的村妇和她的婆婆关系一直非常差。她觉得婆婆一直在和她作对，处处为难他。她心里总是想着如何对付她的婆婆。一天，年轻的村妇来到一家诊所，问一位慈祥的女医生："医生，有什么秘方可以不知不觉毒死我的婆婆吗？我受不了她的虐待了。"

这位女医生听了，并没有阻止她，反而笑着说："我给你开一剂'乌藤丸'，你可以在每天吃饭之前拿出一颗给她吃。只是每次给她吃这个'乌藤丸'的时候，你一定要故意装作很孝顺的样子侍候她，以免你婆婆起了疑心。这样坚持三个月后，你婆婆的身体就会有所变化，那时你来我这儿，我再给你加重药的剂量，到第一百日，一定会有效果。"

这个年轻村妇听了，高高兴兴地拿着医生开给她的药回去给她的婆婆吃了。三个月后，她如约再次来到这位女医生的诊所，但是出人意料的是，他的态度有了一百八十度的大转弯："医生，我后悔了，我现在不想毒死我的婆婆了。"

女医生问她："你为什么改变主意了呢？""自从我听了你的话，每天吃饭前必定尽心侍候她吃下一颗'乌藤丸'，谁知过了一段日子，婆婆突然改变了对我的态度，变得对我非常和善。而且平日里抢着做家务，让我多休息，简直像我的母亲一样关心我。所以我现在要救我婆婆。"村妇说着，激动得满头是汗。她带着哭腔说："医生，你快给我开一剂解毒药。你救救我婆婆吧！"

慈祥的医生耐心听完这个村妇的话，满脸笑容："我就知道你一定会来的。你放心好了，你的婆婆不会死的。'乌藤丸'其实是一种有助于消化的保健食品。因为你经常面带笑容给婆婆吃'乌藤丸'，婆婆感觉到了你对她的关心和孝顺，从而改变了对你的态度，并开始善待你，现在我才算真正帮你医好了你和你的婆婆，你快放心回家去吧。"

这位医生其实开出了最对症的方子，只是那药不是所谓的"乌藤丸"，而是村妇的孝顺以及她脸上的笑容。我们一定要明白：你需要别人善待自己，首先要善待别人。在生活中，我们要懂得用微笑换取阳光，用真诚换取友谊，用真心换取爱情，用忠诚换取婚姻……只要你付出就一定会有收获。常常会有人抱怨，别人对自己不好，领导对自己不关心。但是，我们得想一想，我们对别人怎么样？对别人又做过些什么？

我们不妨都想一想，每天我们都在做着自我矛盾的事：讨厌别人对我们不友善，却时常用不友善的态度回报别人；讨厌别人背后说自己坏话，却经常背后说别人的坏话；讨厌被人欺骗，却总在欺诈别人；鄙视不守信誉的人，自己却经常失信于他人；无法容忍孩子不孝敬我们，却一直忘记关心父母；试图远离虚伪狡诈的人，却一直戴着面具，失去了真诚……

要想摆脱这一切的不愉快，就要主动付出，要想别人对你微笑，先去对别人微笑；想得到别人的拥抱，你先去拥抱别人；想得到别人的友善，先去友善对待别人；想赢得别人的支持，先去支持别人；想得到别人的赞美，先去赞美别人；想得到别人的关心，先去关心别人。想别人怎样对待你，你就去怎样对待别人。

口头禅妙用

1. **找出不足**。莎士比亚说："为什么世界上有镜子，人们却不知道自己是什么样的。"这句口头禅的作用在于让我们学会付出其实就是看清楚自己的一个过程，因为将心比心，设身处地地为他人着想，必然会在别人的回报中更加透彻地思考和反省自己，从而找出自己的不足之处。

2. **敢于付出**。在别人遇到困难或者需要我们帮助的时候，要敢于伸出你的手，先付出你的爱。只有当你忘记自己的时候，你才不会被别人忘记。不要在乎别人怎么对你，只去在乎你怎么对别人，如果我们还缺乏付出的勇气和行动，那么不妨用这句口头禅来为自己加油鼓劲。

爱情

问世间情为何物，张嘴便知归宿何处

人生在世，爱情是一个少不了的话题，当这个话题越来越成为当下我们注意的焦点，大家便纷纷把自己的理解夹杂在张口闭口之间。口头禅就是表达男女对于爱情理解的一所心理学校，学好了，必然可以让人终生受益。

男人要靠所以可靠，女人要爱所以可爱

世界上绝大多数事情，一个人就能完成，但是唯独爱情例外，因为它需要两个人亲密无间地配合才能达成美好的目标。男人要靠所以可靠，女人要爱所以可爱。男人有坚强的臂膀，可供女人依靠；女人有温润的眼神，所以可爱。你负责赚钱养家，我负责貌美如花。只有两个人都说出自己的幸福，爱情才会开花结果，一切美好才会在意料之中。

男人要靠所以可靠，女人要爱所以可爱，这也许就是两个人走在一起的原因，也是两个人爱情之花长盛不衰的根本原因，其实，归根结底，两个人可靠、可爱的目的都是让爱情变得幸福，让美好变得长久。

人生中，有时候，幸福很简单，简单到，我们坚信有人爱我们，我们就会感到幸福。著名作家列夫·托尔斯泰说："幸福的家庭都是相似的，不幸的家庭各有各的不幸。"幸福就是即使两个人对坐无语，也不会觉得无聊，幸福就是两个人给彼此打电话，只为了听到对方的声音。幸福很简单，也很复杂，主要在于我们的主观看法，有人认为，锦衣玉食也不幸福，有人则认为一日三餐依然可以快乐每一天。

幸福的家庭是由幸福的人组成的，只有幸福的人才能说出幸福甜蜜的话语。而幸福的话语传递的是一种爱，可以让我们身边的朋友感受到我们的爱，这样，我们才能让身边的人也融到我们的幸福中，有了这样的支撑，我们才能做好人生中的其他事情。

2001 年，黄小茂从香港离开，回到了北京，出任神州电视有限公司的音乐总监，彼时，李静在建立自己的队伍，准备创业。

两人刚见面的时候，李静就问黄小茂："你是做什么的？"

黄小茂回答说："我是做音乐的。"接着，黄小茂就反问李静："你喜欢音乐吗？"

李静笑着说："当然喜欢了，我最喜欢的一首歌叫《懂你》，这首歌是我一个朋友拍的 MTV。"

黄小茂的眼睛忽然变得很大："是吗？这首歌是我写的。"

李静属于大大咧咧、不拘小节的人，而黄小茂则是懂得浪漫，非常细心的人，两个人结合到了一起，性格非常互补，正因如此，两个人交往一段时间之后，就步入了婚姻的殿堂。

有一次，老狼来到李静主持的《超级访问》，刚进后台，他就开始说："你们谁是李静啊？黄小茂说，你是他女朋友！"

李静一听，非常惊讶，马上拨通黄小茂的电话："你这人怎么这样啊？这种事怎么跟谁都说啊？"

黄小茂在电话那头笑笑："这是事实，大家知道，也没什么事。"

2002 年 5 月，李静和黄小茂就领了结婚证，结婚没多久，李静就怀孕了，但是李静却没当回事，而是继续忙忙碌碌地做节目。

黄小茂很是担心，不断叮嘱李静应该吃什么，应该注意什么，但是李静不听，依然我行我素。

　　黄小茂也只得由着他，而更多的则是出于他对李静的爱。黄小茂说："如果我们的孩子是女孩，我就马上找一份正式的工作，朝九晚五地去上班。"

　　李静问为什么，黄小茂说："女孩对异性的认知，是从父亲开始的，在女儿面前，我要做一个合格的父亲，要给女儿起一个表率作用，为她提供一个良好的生活环境，并且给她自由，让她按照自己喜欢的方法去生活，去成长。"

　　女儿出生之后，黄小茂变得更加细心了，每天不仅要忙于工作，还要照顾李静和女儿。有时候，李静也会静下心来思考，她发现生活其实不是那么快乐，因为，生活中的俗事太多，我们往往会被这些俗事所牵绊，但是，当李静看见黄小茂用心喂女儿吃饭的时候，当她看到黄小茂为了叫女儿唱歌画画而推掉一个个饭局的时候，她发现自己，其实是幸福的。

　　黄小茂不同于李静，他对幸福的定义则是："有一座水边的房子，有一扇落地的玻璃门，有一对彼此相爱的男女，有一个健康快乐的孩子，还有一条老实听话的狗……我要做好我自己，为了女儿，我可以牺牲很多，因为我是一个合格的父亲，我要让她知道，找男人，就应该找她父亲这样的男人。"

　　李静的幸福来源于黄小茂的关心，夫妻双方需要的是理解，是相互体谅，恋爱的热情、恋爱的温度是极其短暂的，如果我们太过于追求，只会适得其反。我们更应该像李静和黄小茂一样，在平淡生活中去体会幸福的味道。

　　黄小茂可靠，李静可爱，两个人牵手，成了模范夫妻中的典范。幸福的话语来源于心底幸福感的释放，如果我们没有察觉到幸福，就很难从口中把幸福的感觉表达出来。人生是一场无穷无尽的行走，但是行走中的我们不要忘了生活中的情感，不要忘了路边的风景。想要用幸福的话语感染别人，就应该先让幸福进驻我们心里，只有如此，我们才能说出触动心灵的幸福话语。

　　只有两个人共同努力，爱情之舟方能驶向成功的彼岸。男人的可靠来源于家庭的使命，妻子，孩子，双方父母等等，这些让他不得不承担起自己的重担；女人的可爱来源于他们的气质和外在。可靠和可爱的终极彼岸是幸福。

　　小刚和蓉蓉是大学同班同学，双方交往已久，可因为双方都很腼腆，谁都不好意思先把这层窗户纸捅破。偏偏蓉蓉又十分优秀，追求者极多，小刚心里着急，却又不知该如何表达。情人节快到了，小刚终于想出了办法，他到礼品店选了件小礼物，又买了张贺卡，签上名字，送给蓉蓉。蓉蓉拆开盒子一看，原来是一颗银质的被分成两半的"心"，蓉蓉拿起两半"心"拼到一起，竟听到"心"中传说出话语来："Darling, I Love you！"（亲爱的，我爱你）这时，蓉蓉的电话铃响了，是小刚打来的，他对蓉蓉说："听见我的心对你说的话了吗？好久了，我一直想对你说，今天终于说出来了，你能接受我吗？"故事的结局当然是十分浪漫，小刚在情人节赢得了蓉蓉的芳心，也为自己赢得了幸福。

男人和女人之间不应该吝啬自己的赞美，有时候，一句简单的赞美，就会让对方心里有了幸福的滋味。能够在茫茫人海相遇相知就是一种缘分，能够携手走进婚姻的殿堂更是一种幸福，既然牵了彼此的手，就要一起肩并肩走完这一生。

曾经在网络上流传一个幸福的顺口溜："幸福就是猫吃鱼，狗吃肉，奥特曼专打小怪兽。"其实，幸福没有想象的那么复杂，幸福是一种歇斯底里的情感，是我们由内而外散发出的一种情感，这种幸福的情感可以让我们受用终生。好的口才需要心底的沉淀，而幸福正是我们优秀口才不可或缺的一种积淀。

口头禅妙用

1. **发乎内心**。男人的可靠全在于他的态度，有什么样的态度就会有什么样的话语表达和什么样的行动姿势。可靠与可爱，如果单纯看表面的话就会显得非常单薄，你关键要做的就是保持正确态度，然后用最正确的话语去表达，只有这样，幸福才不会与你渐行渐远。

2. **敢于表达**。既然爱了就不后悔，既然爱了就勇敢表达。有一首歌的名字叫做《爱你在心口难开》，但是面对爱情的时候，我们却要勇敢表达爱，因为有时候，你不说，没有人会知道，就算是再亲密的两个人也很难揣测出彼此的思想。

假如男人聪明像天气，女人就是提前的天气预报

恋爱过程中，男女双方，一般是女人要比男人成熟。如果说男人聪明像天气，女人就是提前的天气预报，女人比男人要聪明，懂的道理要多很多，所以，当她们说出一些让人惊讶的话语时，千万不要感到惊讶。成熟代表她们更明事理，更懂得如何去维系这段来之不易的感情。

有很多男性朋友抱怨：为什么自己喜欢的女人总是和自己唱对手戏，而且有时候还会给自己来一记当头棒喝；有很多女性朋友会有这样的疑惑：为什么自己和丈夫的感情，不如恋爱时期来得亲密呢？其实原因很简单——男性朋友，你好好想想，当她和你唱对手戏时，你是不是感到每走一步都被对方猜到方向？女性朋友，你想一想，你是不是不懂得如何与丈夫"说话"？想想看，你是不是如此训斥过丈夫："哎呀，你行不行啊？赶紧放下吧，还是我来吧！"

男女双方在感情中本来就是各司其职，女人是比男人聪明，但是也不要藐视自己的丈夫，你可以想一下，如果丈夫听到老婆如此藐视自己，丈夫自然无可奈何，只会心中苦闷，对你的好感日趋下降，从而严重影响了夫妻关系。甚至，他还会产生"离婚"的念头。毕竟，面对一个总是打击自己的人，谁高兴得起来呢？

所以说，好的口才，不仅适用于职场或人际交往，同样需要贯穿于家庭生活之中。尤其是对于丈夫，妻子更应该表示出崇拜的语言。只有这样，男人的力量与勇气才能被激发，从而促进夫妻关系。而在事业上，这份崇拜更应保持，让丈夫体会到一种成就感，这对你们的幸福指数的

提高非常有帮助。

下面的案例，就可以让我们看到，不同的语言，会造就不同的丈夫。

何勇是一名工程师，后来因为企业内部调整，他被转为销售人员。回到家后，他向妻子说起了这事。

谁知，当妻子听完这个消息后，不禁勃然大怒。妻子说："工程师虽然赚得没有销售多，但压力小，而且现在市场几乎饱和，加上金融危机，销售多难做！"

接着，妻子开始一遍遍地抱怨丈夫。妻子本来准备要个孩子，但何勇调动工作，万一没有经济保障，还怎么要孩子？整整一个晚上，她都在数落何勇的不是。愤怒之余，她还把手机砸了。

看着妻子这个样子，何勇一句话也没有说，只是默默地坐着。一连几天，何勇都不怎么和妻子说话，家里的气氛十分压抑。妻子明显感觉到，何勇不像过去那么爱自己了。

妻子知道，如果一直这么下去，那么她和丈夫的距离一定越来越远。她想改变，可是却找不到解决的办法。

然而就在一个星期后，突然的一件事，让妻子明白，自己究竟该怎么说话，才能让丈夫振作起来，让丈夫重新焕发对自己的爱。

这个周末，何勇和妻子吃完晚饭，两人走进厨房准备一起刷碗，这时候妻子推开他：说："你挺累的，还是歇歇吧！"不过何勇没有动，只是看了妻子一眼，用商量的口气说："我想把咱俩加入的那个手机集团退掉，加入公司的集团。咱俩一天打不了几个电话，我现在和同事打电话比较多，一天下来就要十多块钱。"

妻子听完，笑着说："真没想到，你搞上销售后，智商都提升了！你做主就是了，我都听你的。"

令妻子没想到的是，当她说完这句话后，何勇变得异常兴奋，甚至手舞足蹈起来，还抱着妻子转了好大一个圈，几天的愁眉苦脸彻底烟消云散。

看着何勇这个样子，妻子突然想道："咦？为什么我夸他一句，他就变得这么高兴？难道我过去的方法用错了？是不是我应该学着多认同他，多崇拜他？你看，像今天这样多好！这样的丈夫，才是我想要的！"

从这以后，妻子改变了自己的说话方式，总是变着法地向何勇表示崇拜。果然，何勇对她的感情也越来越热烈，总时不时地送给她一些贴心的小礼物，这让妻子感到，自己回到了热恋的那段时光！而有了妻子的崇拜，何勇的工作也是节节攀升，结果没到一年，就因为成绩突出，被提拔为销售部门主管！

为什么何勇得到了妻子的崇拜后，会立刻表现出对妻子的爱呢？这是因为，男人总是将女人的崇拜和爱情连在一起。满足男人的英雄感，无论男人得意或失意时，男人都需要一个女人称赞他。有一个这样的女人，男人自然会立刻播撒"爱的种子"，两人的关系自然会更亲密。

爱情是经营出来的，不管你是男人还是女人，都要学会把自己的聪明用到实处，如果聪明反被聪明误，就算你说出来的是好话，落进对方的耳朵里，对方也会感觉到是恶话。

男人和女人不是对立的两极，而是一条线上的两个点，两个人的关系决定这两个点延展成面的大小。成熟的男人会理解女人，成熟的女人更会理解男人，只有站在相互理解的两端，问题才会解决，生活才会变得美好。

女人是拿来宠爱的，男人是拿来崇拜的。不管这个男人、这个女人聪明与否，这些都是必需的。掌握好分寸，说出让人舒服的话语，一切都会变得美好。

口头禅妙用

1. **放手去爱**。当我们懂得放下自己强势的一面，学会和对方周旋，学会温柔地对待对方，这样的爱情才堪称完美。没有不完美的爱情，只有不完美的态度。放手去爱，爱到天荒地老，也不会感觉到疲惫。

2. **妇唱夫随**。有些方面，女人要比男人成熟，这就要求女人要多容忍男人的不成熟，要学会用自己的成熟去维护男人的不成熟，去培养男人的成熟，而这才是"男女搭配，干活不累"的真谛。

爱情是会沉底的，所以要记得不断蓄水

爱情有个度，到底什么样的尺度才最适合男女双方生存呢？度超限了，爱情就会透支，就会变得不再美好；度不够，爱情就会疲软，感觉根本不像爱情。其实这些都和幸福感有关，幸福感的大小直接决定了爱情的尺度，更决定了两个人爱情的保鲜度。

2011 年 3 月 29 日，孟非主持了 2010 年中国婚恋幸福指数调查，他对中国人所说的"七年之痒"、"女大三抱金砖"等俗语进行了一番解答。

这次幸福指数调查，历时两个月时间，共调查了全国 40 座城市 18 岁到 60 岁的常住居民 6461 名，并且针对单身、恋爱、已婚三类不同婚姻状况的人做了不同的调查分析。

现在，剩男剩女已经成了一个庞大的人群，正是基于这样一个现状，江苏卫视才举办了这样一个活动，这是一个很好的切入口，能够从婚恋幸福指数折射出居民的幸福感指数。公布的数据中，我们发现，2010 年，中国婚恋幸福指数为 75.52，其中单身幸福指数是最低的，为 62.20，恋爱幸福指数次之，为 74.69，婚姻幸福指数最高，为 75.64。

针对七年之痒，我们可以发现，刚结婚的家庭，夫妻双方的信任感是很低的，而这种低的信任感会在之后的 3 到 7 年里出现信任危机，而在这段时间里，想离婚的人会比较多。之后，越过这个瓶颈，10 年之后，夫妻双方的信任感就会逐渐增加，直到彼此走完一生。调查中发现，妻子比丈夫大一些的家庭，婚姻幸福指数会比其他情况下的婚姻幸福指数高很多。

从这次调查的数据中，我们会发现，单身人群的幸福指数只有 62.20，是非常低的，但是实际生活中，我们会发现，这些单身人群真正参加过相亲的并不是很多。孟非分析说："相亲不相亲，也与我们的年龄有关，我们会发现，30 岁之后，相亲的人数呈大幅度增加趋势，而 30 岁之后单身幸福感直线下降，所以，30 岁就是一个'分水岭'。"

幸福感是可以用数据说话的，很多时候，我们总是认为自己不幸福，但是当我们回头去思考的时候，就会发现，原来我们是幸福的，因为我们拥有很多。幸福的最好表现就是我们快乐、乐观，说话的时候总是激情四射、饱含激情。

有的人总是认为自己做得不够好，或者是身边的人、身边的事，让自己不太满意，但是我们要知道，试着学会接受，学会接受现实，不要总是逆反，这时，我们才能清晰地看到幸福的模样。

在感恩节这一天，西方某国有一位先生垂头丧气地来到教堂。他在牧师身边坐了下来，开始诉说自己的苦难："每个人都说感恩节要感恩，但是现在的我饥寒交迫，为什么还需要感恩呢？我已经失业一年多了，找工作也找了半年多，但是却没有人用我，你说，我还要感恩什么呢？"

牧师对这位先生的牢骚未加评论，而是问他："你真的一无所有吗？其实，你拥有很多！好吧，我给你一张纸和一支笔，你把咱们两个人的问答都记录下来。"牧师问这位先生："你有妻子吗？"

他回答说："我有妻子，但是他说看到我太贫穷了，就离开我了。但是我知道，她仍然爱着我。我一想到她还爱着我，我心里的愧疚就又加深了一层。"

牧师又问道："你有孩子吗？"

他回答说："我有五个可爱的孩子，虽然我不能给他们提供好的生活环境和教育，但是他们都非常听话，都很努力。"

牧师看着这位先生，接着问道："那你胃口好吗？"

他很高兴："我胃口非常棒，虽然我没有什么钱，但是我总会最大限度地满足自己的胃口，每天吃饭的时候，我都会非常高兴。"

牧师又问他："你睡眠好吗？"

他答道："我睡眠很好，每天都是一觉到天亮。"

牧师又问："你有朋友吗？"

他回答道："我有朋友，而且非常好，在我失业这段时间里，他们给了我无微不至的关怀，而我却没有什么可以报答他们的，这让我深以为憾。"

牧师继续问他："你的视力怎么样？"

他回答道："我的视力非常棒，就算是很远的东西，也能一下子看清楚。"

等到这几个问题都问完了之后，这位先生的纸上就出现了六条信息：我有一个好妻子，我有五个好孩子，我有好胃口，我有好睡眠，我有很多好朋友，我有好视力。

牧师听他读完之后，就说："祝贺你！你拥有这么多美好的事物，还有什么要求呢？你回去吧！记得要学会感恩！"

这位先生如梦方醒……

如果我们像这位先生一样，数一数自己身边的幸福，我们就会发现，其实，我们很幸福，因为我们拥有很多。如果我们总是反思自己，为什么不幸福，不如去权衡一下自己，看看自己到底是幸福多，还是不幸福多，等到我们分析透彻，才能立足现在，更好地向着未来的方向去努力。

幸福感的来源就是我们内心的感觉，如果我们感觉人生美好，我们的幸福指数就会很高；如果我们感觉人生悲凉，我们的幸福指数就会很低。所以，想要让自己变得幸福，想要让自己变得舌灿莲花，就应该多去体味幸福，这样，我们才可以站在人群中，展现出自己超凡的口才。

口头禅妙用

1. **幸福数据**。爱情中，幸福是两个人的事，同样的，幸福也需要两个人一起去创造。幸福数据其实就是两个人彼此内心对爱情的感触，到底这份感触是深一些还是浅一些，都和自己的付出和索取有极大的关系，如果索取大于付出，幸福感就会消失；如果付出大于索取，爱情就会长久光鲜。

2. **感恩的心**。爱情中要学会感恩，更要学会施予。永远怀着一颗感恩的心，生活才会变得美好，爱情也会因此变得更美丽。

好女人是一所学校，好男人毕业了可留校任教

女人是男人的后盾，更是男人成长的学校。男人不如女人成熟，这就要求男人尽快成长，来承担起对女人的责任。由于男人和女人社会分工不同，这就导致了男女的性格和责任不同。男人怕女人是成熟的一种表现，更是他快速成长的一种自然现象。

严师出高徒，如果说好女人是一所学校，那么怕老婆的男人绝对算是合格的毕业生。

2004 年，由世界经济论坛和世界品牌实验室共同调查的一项排行榜上，中央电视台主持人李咏以 4 亿身价，毫无争议地获得了"最有价值主持人"的第一名。获奖后的李咏笑着说："如果我的身价有 4 亿的话，那么，我妻子的身价就应该有 8 亿。"

李咏出生在新疆乌鲁木齐一个知识分子家庭，1987 年，李咏考进了北京广播学院，就是在这所大学里，他注意到了同班同学哈文，一个来自青岛的女孩。在哈文面前，李咏表现得非常活跃，经常能够妙语连珠，逗得哈文非常开心。

当时的哈文一心放在学习上，李咏就陪哈文走进自习室上自习。有一年的夏天，李咏从校外买了西瓜，来到了哈文身边，等到哈文上完自习，就开始吃李咏买来的西瓜，而就是这件小事，把哈文感动得一塌糊涂。

哈文的父亲得知两人在交往时，很是生气，并且说，现在女儿还小，应该努力学习。哈文是乖乖女，他不想让父亲为难，就和李咏分手了。

分手之后，李咏很是悲伤，每天都不换衣服，任由胡子疯长，面容非常憔悴，见到任何人都不说话。很多有"正义感"的同学就开始声讨哈文："你怎么能这样对李咏？他这么喜欢你，你怎么能如此无情地伤害他呢？"哈文没有说话，只是捂着脸哭了。

当天晚上，辗转难眠的哈文起来了，借着昏黄的灯光写了一张字条："你为什么要这么做呢？我会非常难过的，你知道吗？虽然我们分手了，但是我仍然爱着你……"李咏收到字条之后，感觉自己的春天又来了，当天，李咏换了一套很漂亮的衣服，把脸上的胡须全清理掉，容光焕发地出现在了哈文面前。

1991 年 6 月，李咏大学毕业，被分配到了中央电视台工作，而哈文则去了天津电视台，经过一段时间的两地奔波之后，两人于 1992 年春天结婚了。

1992 年秋天，为了能够避免相思之苦，哈文选择了继续攻读北京广播学院的研究生。1995 年 6 月，研究生毕业的哈文顺利地进入了中央电视台。

为了能够让妻子尽快进入状态，有经验的李咏开始帮助她，并且，哈文的每期节目，李咏都要参与。哈文是事业心很强的人，她经常加班到深夜，李咏有时间就陪妻子加班，凭借两人的一起努力，哈文的节目获得了全国观众的认可，而她也因此成了《生活》栏目的主编。

过了一段时间，李咏来到《幸运 52》，做起了这档节目的主持人，李咏非常苦恼，因为这档节目需要主持人有很好的应变能力，更要有很强的知识面，虽然这些素质，李咏都具备，但是没想到却得不到观众的认可。

在李咏苦恼的时候，哈文站了出来，她以一个专业电视人的眼光对李咏说："现在社会，生活节奏快，工作压力大，这档节目可以缓解大家的紧张情绪，更可以让大家从中学到知识，这是现代娱乐节目的发展趋势。只要你坚持去做，就一定会取得成功的。"妻子的话，让李咏重新看到了希望。

没过多久，《幸运 52》就火了起来，铺天盖地的荣誉也来到了李咏身边，这时，哈文及时给李咏泼冷水，指出他的不足。

2003 年，哈文策划了一档《非常 6+1》的娱乐节目，并要求李咏担任主持人。没过多久，《非常 6+1》就火了起来，哈文很满意："我找李咏来做这档节目，并不是因为他是我老公，而是因为他的主持风格和这档节目相一致，而只有他才真的能胜任这档节目，现在，我是宁可换老公，也不换主持人。"

2004年7月，李咏和哈文来到了四川，在这里参加一个活动。有一位热情的女观众来到李咏面前，问他："我可以和你拥抱一下吗？"

李咏看了看站在身边的哈文，问道："你同意吗？"哈文点了点头，当得到妻子允许之后，李咏才和女观众拥抱了一下。

有记者借机问李咏："你是很怕老婆，对吗？"

李咏哈哈一笑："不管是生活中还是工作上，我都怕老婆，很听她的话。你越是怕她，她对你就会越好，就会越爱你。这样，你得到的幸福就会越多，所以，怕老婆的男人最幸福！"

怕其实就是爱，当李咏说出"怕"来时，他和哈文神情上明显呈现出一种爱的情愫。幸福就是相互了解，相互忍让，如果谁能都不肯做出让步，幸福就变成空谈了。生活中，我们需要更多的相互理解，正因为相互了解得多，我们才更应该学会忍让。

往前一步是黄昏，退后一步是人生。适当的时候，学会退让就是幸福。说话也是如此，当你希望把自己的幸福传达给别人的时候，就应该学会忍让，只有如此，我们才能让幸福的光芒闪耀得更加持久。

张谦和王雪是青梅竹马的两个人，学生时代的两个人都很好强，当时的张谦眼中只有学业和爱情，并没有感受到多大的压力。王雪发火的时候，张谦总是习惯性地温柔劝解，忍让着王雪。

　　张谦和王雪大学毕业之后就结婚了，从大学到工作，张谦和王雪都完成了人生的转变，有了自己的家庭，两个人感觉自己肩上的担子又重了。

　　王雪每天仍然会有不愉快，每天都会为了一些鸡毛蒜皮的小事和张谦争吵。张谦初入职场，工作的压力铺天盖地地压到了他的身上，这已经达到了张谦的心理极限，再加上王雪每天的牢骚，这让张谦实在是不能忍受。

　　人都有个忍耐的限度，工作的压力下张谦没有发泄口，对待王雪的牢骚，张谦就再也没有往日的温柔细语，取而代之的是无情地反驳。几个月之后，他们之间的矛盾更加激化，两个人谁都不愿让步，最终，两个人选择了离婚。

　　俄罗斯著名心理学家凯琳娜·穆尔塔扎洛娃说："女人对男人有很多误解，如男人就应该主动一点；男人喜欢口无遮拦和直率的女人；你对男人越糟糕，他对你就越好。其实恰恰相反……"爱情就是需要双方的相互体谅，不要无缘无故发火，这样只会让对方无所适从。生活中的人每天都要背负众多压力，谁都想回到家中卸下一天的疲惫，如果连这点要求都满足不了，只会让爱情支离破碎。

　　幸福需要我们每个人认真去体会，只有当我们从生活中体会到退让的真谛，才能让我们身边的幸福露出头来。

口头禅妙用

　　1. **怕就是爱**。爱情是"怕"出来的，也许你会对这句话充满疑问，但是不要忘了，退后一步就是天堂。爱情中的退却，其实是一种前进。怕就是爱，因为怕了，才会更懂得珍惜爱情，才会更懂得珍惜彼此。

2. **一起奔跑**。两个人走到一起，需要做的就是手牵着手，然后一起奔跑，而这也是爱情的真正意义所在。两个人，一条心，但是这一条心也需要两个人相扶相助，不断表达自己的爱，这样这颗心才会永远跳动，才会永远散发勃勃生机。

幸福需要夫妻共同努力，但破坏一个人就够了

风雨人生路，爱情中的风雨更是数不胜数，如果我们没有携手并肩，共抗风雨的决心，只会让双方的节奏失衡。千万不要妄图破坏爱情的堡垒，如果想要破坏，一句简单的话就足够，两个人构建的堡垒也会在一瞬间崩塌，这是我们都不愿看到的。让幸福的语言充盈在彼此前行的道路上，荣辱与共，爱情长路才会变得幸福而美好。

患难是爱情的试金石，经历过患难考验的爱情才会更加完美，才会展现出更加让人折服的魅力。幸福的人生也需要考验，只有经过磨难的考验，我们才能真正体会到幸福的甘甜。也许有人说："幸福离我很远，就算我再怎么努力，也不可能得到。"其实，幸福更多的时候是不需要多说的，是需要用心体会的，但是这样的情感会让我们感觉到不一样的

人生。

幸福不是靠说，而是要靠体会的。但是幸福感给我带来的却是积极的情绪，会让我们口中的话语变得更有味道，更有深意，会让我们身边的人感觉到你的热情，感觉到你的快乐。

有福同享，有难同当，并不单单用来形容朋友之谊，更可以用来形容恋爱中的两个人。著名作家亦舒说："能说出的委屈不是真的委屈，能抢走的爱人不是真的爱人。"人生就是如此，经过苦难考验过的友谊或者爱情往往更真切，更有冲击力。

幸福是风雨过后的彩虹，幸福是苦难之后的快乐，人生的每一步都需要幸福的陪伴，如果失去了幸福的陪伴，我们的人生将会变得黯淡无光。能够共享乐的爱情不一定是真的爱情，但是，能够共患难的爱情却一定是真的爱情。幸福需要的是心灵的体会，是在某些关键事情上两个人表现出的惊人一致。

著名诗人李商隐在《无题》诗中说："身无彩凤双飞翼，心有灵犀一点通。"幸福需要的就是这种心有灵犀的体会，也许我们已经在幸福的路上，只是我们当局者迷罢了。幸福的话语有时候不用说，双方也能感觉得到，正因为如此，我们才能在幸福路上走得更远。

口头禅妙用

1. **患难与共**。我的爱情，有你的参与才会变得精彩，所以，你千万不要让我失望，就这样，陪着我，慢慢变老吧！两个人能够在茫茫人海相遇本就不易，如果再步入婚姻的殿堂，就更为不易了，所以，彼此努力，一起奋斗，才能创造出举世无双的爱情。

2.**岁月敌人**。有人说，岁月才是爱情最大的敌人。是的，时间是个可怕的东西，它的可怕之处在于，时间可以成就一切，也可以摧毁一切。不要被岁月这个敌人打倒，因为它是一个人，而你们则是一条心的两个人。

女人抱怨时就当自己是耳朵，插嘴就死定了

女人抱怨时就像是一个机器，这时，你千万不要打断，更不要去反驳，你要做的就是竖起耳朵好好听。情绪下的女人是可怕的，因为此时的她们是不受理性思维控制的，如果你想在这时找她讲道理，只会收到相反的效果，最终以惨烈景象收场。

中国有这样一句俗语："女人脸，三月天，说变就变。"恋爱中的女人更是如此，总是会莫名其妙地发一通脾气，然后一个人生气得不说话。

正在恋爱中的你，对此一定有深切体会。面对这样的女朋友，我们该怎么做才好？劝她吧，她不听；不劝她吧，她又怪你不懂得体谅人。总之，这个时候的她，就像是火药，无论说什么，都有可能引爆她。

其实，男人多说一些安慰、体贴的话，这本可以起到积极的效果。但是，好多男人的嘴不够巧，所以经常会弄巧成拙，就像下面这个案例

中的小伙子。

　　一天，郭强陪着女朋友徐静一起逛街。这天天气很热，所以没走一会儿，郭强就已浑身是汗，一个劲儿地在一旁抱怨。

　　走到一家冷饮店门前，郭强实在走不动了，说："咱们休息一会儿好吗？天气这么热。"

　　徐静说："才走了一个小时你就喊累啊！"

　　郭强说："你们女人是天生的走路狂，我们哪能和你们比？"

　　不知道为什么，徐静听完此话，突然变得异常暴躁，把东西往地上一扔，说："哼，不想和我走，那你一个人走吧！谁稀罕和你逛！"

　　郭强摸不着头脑，迷惑地说："你这是干什么？"

　　可是，徐静好像没有听见，依旧一个人站在一旁生闷气。这下子，郭强不知道该怎么办才好了。他发现路边有人正看他俩，更是羞得一脸红，于是有些凶巴巴地说："别闹了，人家都看着呢，多丢人！"

　　郭强原以为，这句话会让徐静平静下来。谁知她扭过头，说："你什么意思？你的意思是说，我在这里很丢你的人？"

　　郭强一愣，一时间竟无语相对。徐静显得更生气了，说："你怎么不说话，你是不是就是这么想的？你难道没看见我刚才不高兴吗？为什么你不会安慰我一句，反而说出那种话？"

　　"够了！"郭强终于忍无可忍，大声喊道，"我就是觉得你丢人，你丢人！"

　　顿时，徐静的眼泪流了下来。她说："我记住你这句话了！"说完，扭头就跑走了。郭强颓然地坐在地上，他不知道怎么了，刚才说出那种话。他不停地喃喃自语道："怎么本来很快乐的一个下午，变成这个样子了？"

郭强的失败之处就在于，说出了"别闹了，人家都看着呢，多丢人"的话。女孩本来就脸皮薄，加上正在气头上，听到这种话，怎能不更加生气？怎能不转身离开？

像郭强这样的男孩，现实中绝对不在少数。遇到女朋友生气，他们就会变得手足无措，即使安慰，也只能说出"好了，高兴点"之类的话。这种不疼不痒的语言，不仅不会让女朋友高兴起来，反而会让她们觉得男朋友根本不关心自己，说出的话只是敷衍，所以大发雷霆，严重影响两个人的感情。

要想让女朋友从生气的情绪中走出，男人只有一个办法：说出温暖的话，让女朋友感受到身后有人支持她。这样，她的心情就容易慢慢转好。男人千万不能慌不择言，让对方有火上浇油的感觉。

女人很奇怪，有时会无缘无故地生气，不停地抱怨生活。这个时候，男人不要着急说话，更不要阻拦她，只要倾听她的抱怨即可。等她说完之后，男人别帮她寻求解决方案，她需要的其实是安慰。

比如，当你的女朋友抱怨道："我今天哪里也不去！每天都这么多的工作，烦死我了，烦死我了！"这时，你不能这么说："那就别做这么多事，你应该好好休息，放松一下。"否则，她会更加生气，说："那你养我？就凭你那点工资！"

这个时候，你应该抱住他的肩膀，说："是啊，你真的有好多事要做。"然后，体谅地听她细说每一件事。听她说完后，你再问一句："那我能帮你做什么吗？男女搭配干活不累！"这样，她就会感到宽慰，并被你的幽默逗笑。

一个女人因为某件事而产生怨恨的感觉，最不希望的就是有人对此不屑一顾，认为她小题大做。尤其是听到自己的男朋友这么说时，情绪会更加失控，借题发挥要"分手"。其实，女朋友需要的只是发泄，希望你能跟她站在同一阵线上。了解到这一点，你就不会说错话了。

无论女朋友是因为何种原因导致不快，我们都不要和她针锋相对，而是应该以温和的语言劝解。否则，她表面上被你反驳得无话可说，心里却对你产生了种种不满，那个时候，也许失恋的"阴雨"就离你不远了。

口头禅妙用

1. **放下面子**。女人生气的时候，你最应该做的就是放下自己的面子，不要总是火上浇油，也许你说的话是好心，但是对方在火气上也会把它听成恶意。这时，你最应该做的就是把自己想象成一棵树，只有这样，你才不会触碰到女友的雷区，而你们之间的关系也不会因为女友的怒火而变得混乱不堪。

2. **妇唱夫随**。有些方面，女人要比男人成熟，这就要求女人要多容忍男人的不成熟，要学会用自己的成熟去维护男人的不成熟，去培养男人的成熟，而这才是"男女搭配，干活不累"的真谛。

结婚前觉得适合自己的人很少，结婚后却发现大有人在

结婚前的你是最美的，但是结婚后的你却变了。其实不是对方变了，而是我们自己的内心变了，我们总觉得外来的和尚会念经，但是真的如此吗？那只是我们的一厢情愿罢了。活在当下，珍惜眼前人，才是我们最应该做的，不管在婚前还是在婚后，活在当下就是福。

人生就像是一次航行，我们永远无法预知明天会发生什么，更不会知道什么时候才能到达终点，在这种情况下，最好的办法就是活在当下，眺望海景，与海鸥为伴，每天幸福快乐地活着。太多的考虑只会束缚住我们前进的脚步。人生需要的是恬淡闲适，生活中不缺少美，只是缺少发现美的眼睛。

幸福是什么，幸福就是把握住现在，未来遥不可及，过去的已然成为历史，而我们能把握的也只有现在，只有我们把握住现在，我们才有理由说自己正在幸福的路上。我们不可能把身边所有事都处理好，最好的办法就是有所舍弃，接受现实，这样，我们的内心才会变得轻松，越是轻松，我们越会幸福，越是幸福，我们说的话就会越有感染力。

活在当下，是人生的最浅回音，但这个回音却是最悠长的，因为它将横亘我们一生。幸福需要的是品位，而不是去好高骛远，简单的不一定比复杂的差，活在当下，用心品味幸福，也许你将看到一个不一样的自己。

梁文道的真实年龄应该是 40 岁，很多人听到这个年龄之后，就会感觉到一阵惊愕，梁文道的渊博学识和他看透一切的世情，就会给我们造就一个假象，他的年龄至少应该比他的实际年龄大出 10 岁。

虽然很多人总是拿梁文道的外貌和曾子墨比较，但是我们知道，梁文道对自己的长相并不是很在意，他的才华足以让他产生强大的自信。

梁文道可谓涉猎广泛，他既是大学教授，又是一家企业的总监，还出书做作家，当主持人，做董事，做院长……梁文道的职务可谓多种多样，但是他有精力去做，他知道自己应该怎么去做，正是因为有了强大的文化积淀，梁文道才能在自己的道路上越走越远。

梁文道说："我出生在一个天主教徒家庭，我从小就很想做神父，我每天都想知道人生的意义到底是什么。很多时候，我会被束缚住，我很想知道什么东西能够给我自由，我发现能给我自由的东西不是物质，而是精神上的信仰，我知道，这需要自己的克制和自律才能做到。当时，我受一个人的影响很大，他本来是一名花花公子，每天想干什么就干什么，忽然有一天，他发现自己不知道自己在干什么了，于是，他决定放下一切，出家去了。

"当时，他写了一段祷词，祷词中说：'我不希望得到别人的原谅，只希望我能原谅别人；我不希望得到别人的理解，只希望我能理解别人；我不希望被别人爱护，只希望我能爱护别人；我不希望别人为我牺牲，只希望我为别人牺牲，成就别人的一切。'

"我发现，这才是世界上最伟大的爱，我应该向他学习。没过多久，我也开始转变了。"

谈到完美，梁文道说："为什么西方人的婚姻不会长久而古代东方人的婚姻都会长久？主要就是因为西方人向往的是柏拉图式的爱情，他们追求完美，他们享受这种旅行，但是事实上却是永远都不会找到完美的婚姻，就像是我们去画一个圆，不管怎么画，我们画出的圆都是有误差的；而中国则是不管喜欢不喜欢，只要有父母之命，媒妁之言，就可以结婚，从来没有考虑过自己应该找什么样的人作为一生的伴侣。

"人的欲望是没有终点的，活在当下最好，我们不去管任何事情，好好活着，幸福就自然来到了。"

梁文道每天只睡五个小时，除去工作时间，他每天剩下的所有时间全都用来看书，日积月累之后，梁文道就开始熟知书中的内容，而且越看越快，就像庖丁解牛一样……而就是因为这样，所有人才会淡忘了他的外在容貌。

细数人生旅程中点点滴滴，我们会发现，平平淡淡，从从容容才是真。幸福不一定是山盟海誓，也不一定是同生共死，幸福就是简单，就是不驳杂，就是活在当下，品味最简单的快乐。

活在当下，用心去维系爱情才是我们每个人最应该做的，正因为此，家庭生活中，俏皮的语言才会显得必不可少。融入幽默的家庭生活才更有趣、更美满、更和谐，就像下面这对小夫妻。

郭凯和妻子王倩刚刚结婚不久，两人的生活中充满了各种小幽默。前一段的金融危机，让王倩失去了工作，每天只好待在家里。郭凯有点不高兴，说："你都快变成废物了，却怎么一点儿都不懂得废物利用？"

王倩眨了眨眼睛，说："就是因为很懂得，所以才嫁给了你。你放心吧，我可不会一辈子指望着你，明天我就让你看看，我这个废物，会比你这堆废物更抢手！"

妻子的话，让郭凯笑了，之前的不快烟消云散。后来又有一天，王倩不小心打碎了盘子，郭凯装出生气的样子说："哎，你笨起来简直是一头蠢猪！"

王倩马上回答道："你这么多年一直跟猪睡在一起，那你是什么东西！"两人就这样说着俏皮话，感情更深了。

一年后，郭凯因为工作成绩优秀，晋升为部门经理，每天工作都很忙，有时候不免冷落了妻子。当他闲下来时，这才想起，一个星期前就是妻子的生日。于是他急忙买了一份礼物，然后送给王倩，并说："我问珠宝店的小姐，对上周的生日该送什么礼物好？"

一下子，王倩几天来的不高兴立刻烟消云散。她莞尔一笑，说："我就知道，你是个难得买礼物的人。你老是忘了生日和结婚纪念日，看来将来我要请个师傅，把这些日期都纹在你的脑门上！"

当然，夫妻之间有时候也会争吵，郭凯和王倩也不例外。在某一次争吵的高潮中，王倩说道："天哪，这哪像个家？我再也不能在这样的家里待下去了！"说完，她就拎起自己放衣服的皮箱，夺门冲了出去。

王倩刚走出门，就听见郭凯在身后喊："等等我，咱们一起走！天哪，这样的家有谁能待下去呢？"她"噗嗤"一下笑了，然后放下箱子，一

180

脸微笑地转过身子……

郭凯与王倩的快乐生活，有谁不羡慕呢？所以，我们应该放下矜持，和他们一样，让家庭里充满俏皮与幽默的气氛。

想要让家庭生活充满快乐，活在当下最重要，这时就需要我们时时用心，用心去挖掘生活中的幽默。其实在生活中，幽默随处都在，柴米油盐皆可幽默。但是，两个人步入家庭后由于锅碗瓢盆、柴米油盐等家庭琐事，往往会造成婚后生活日渐平淡乏味，和恋爱时的浪漫激情形成鲜明的反差。其实，那些都只是表面的现象，其内在的根源在于夫妻双方的心态都发生了变化，因为双方之间过于熟悉而使得生活没有了新鲜的味道。

如果夫妻双方能够改变心态，用心观察生活，那么现实就会截然不同。比方说，夫妻双方因为吵架而动了手，过几天再谈起此事，妻子责怪丈夫太粗鲁，丈夫就可以用幽默来化解："难道做丈夫的就不该摸摸自己妻子的脸？"这样的话妻子也会幽默地进行一番解释："那我就是给你抓脸搔痒！"他们上次打架肯定是有原因的，提起那些话题或许又会引起新的不愉快。而丈夫通过答非所问，在答话的时候巧妙地转移了话题，幽默地为自己打人的行为辩解，这就既避免了新的冲突，又让你们的关系更加和谐。

口头禅妙用

1. **活在当下**。人生路漫漫，如果我们总是得陇望蜀，只会什么也得不到。不要去计较明天会发生什么，也不要去看别人的妻子是否漂亮，

181

你所拥有的才是最好的，而她才是陪你共度一生的"贵人"。

2.**珍惜眼前**。眼前的人才是我们触手可及的人，我们的关心就是要注入他们身上，因为他们才是我们最宝贵的财富。用你最动听、最幽默的语言去表达，才会看到更为广阔的爱情，才会收获更为完美的婚姻。